En 2011 apparaît un ovni de librairie. Une copieuse revue de plus de 300 pages renfermant autant, sinon plus, de photographies. Une revue de grands reportages qui choisit alors de raconter le siècle en images. À l'origine, le pari est double. D'un côté, s'écarter d'un photojournalisme qui, soumis aux impératifs d'immédiateté, tend à s'uniformiser. De l'autre, se distinguer des belles revues de photographie par la force du récit.

En faisant dialoguer les mots et les images, *6Mois* se veut aussi un trait d'union entre les continents. Aux lecteurs, elle propose de porter le regard plus loin. Aux auteurs, photographes et journalistes du monde entier, elle offre un espace où peuvent s'exprimer leurs regards, leurs sensibilités. Deux fois par an, l'insatiable curiosité des premiers rencontre l'énergie féconde des seconds.

Sept ans après sa naissance, *6Mois* vient de traverser une crise qui aurait pu l'emporter. De graves difficultés financières ont frappé Rollin Publications, la société qui éditait ce titre ainsi que la revue *XXI*. Ces difficultés n'étaient pas liées à un quelconque désamour des lecteurs... *6Mois* et *XXI* se portaient bien. Mais le lancement par le même éditeur du magazine *Ebdo* et son échec à peine quelques mois plus tard ont ébranlé l'ensemble des titres. Les fondateurs ont donc passé la main. *6Mois* et *XXI* sont désormais sous la responsabilité de *La Revue dessinée* et de la revue *Topo*, associées aux éditions du Seuil.

Le mariage est naturel. Différents dans la forme, ces titres sont très proches dans l'esprit. Ils ont en commun un rapport au temps apaisé, une exigence de qualité, tant éditoriale que graphique, et une certaine vision du journalisme : humain, patient, engagé. La promesse que formulait *6Mois* dans son tout premier numéro – authenticité, pertinence, singularité – n'a pas changé, pas plus que les valeurs qui sont les siennes.

L'indépendance, d'abord. *6Mois* ne passe pas sous le pavillon d'un grand groupe, elle rejoint une petite maison d'édition. L'absence de publicité, ensuite. Mettre la photographie à l'honneur, c'est refuser de l'utiliser comme faire-valoir de contenus commerciaux. Refuser de s'exposer à la pression des annonceurs, c'est n'avoir en ligne de mire que le soutien des lecteurs. Ce lien n'est jamais aussi précieux que dans l'adversité : *6Mois* ne serait rien sans la communauté de passionnés qui la lisent, la découvrent, en parlent, s'abonnent. La qualité, enfin : *6Mois* continuera à mettre en avant et en valeur le travail des meilleurs photographes dans un écrin au graphisme soigné.

Après sept années de travail formidable, Marie-Pierre Subtil, rédactrice en chef de cette revue, la quitte pour d'autres horizons. Des journalistes historiques de la rédaction reprennent le flambeau. Elles – car ce sont surtout des femmes – seront les garantes de la continuité. Avec d'autres, ce sont elles qui, année après année, ont construit et soutenu ce titre prestigieux. Aujourd'hui comme hier, votre revue sera le fruit de leurs plumes, de leurs regards, de leur savoir-faire. L'ambition de l'équipe est intacte. Son appétit pour raconter le monde l'est aussi. En témoignent la pertinence et la puissance de ce numéro 16 sur « La cause des femmes ». Avec cette parution et les suivantes, nous nous emploierons à préserver ce lien précieux qui vous unit, vous lectrices et lecteurs, à cette revue •

Franck Bourgeron,
Sylvain Ricard,
Hugues Jallon

PHOTO DE COUVERTURE : SARA NAOMI LEWKOWICZ

| 6 – Le jour où... | 12 – L'image | 14 – Retour sur... | 20 – Le témoin | 26 – Il l'a fait |

Triptyque **FEMMES BATTANTES**
Victimes d'assassinats machistes, les Argentines se mobilisent

48

Triptyque **SAUVE-TOI, MAGGIE**
Quand un homme frappe une femme en présence d'une photographe

96

Récit
COPIÉ-CLONÉ
En Corée du Sud, une clinique clone votre chien pour 100 000 dollars

132

Récit
2018 APRÈS JÉSUS-CHRIST
Pour gagner des fidèles, les églises américaines s'adaptent à la société

180

Mises en songes
Nicolas Henry bricole des décors avec des villageois

Le monde de...
246

Elon Musk
L'homme qui lance des fusées et construit les voitures du futur

Photobiographie
260

LA CAUSE DES FEMMES

32 – Photomaton 40 – Instantanés 44 – Triptyque

Triptyque LA BRÛLURE
Au Cameroun, des mères font souffrir leurs filles pour les protéger des hommes

74

L'entretien
JEAN GAUMY
Le photographe de Magnum raconte comment il joue avec son corps

120

Récit
LE PETIT POUCET AFGHAN
Ghorban, arrivé à 12 ans à Paris, repart dans son village natal

152

Récit
L'ENCLAVE
Le quartier Saint-Jacques : un ghetto gitan au cœur de Perpignan

210

Traîtres présumés
Les Japonais internés aux États-Unis de 1942 à 1945

Le choix des bois
Dans le Montana, des enfants élevés en toute liberté

Mémoire 272   **Album de famille** 290

Sommaire

« À 35 kilomètres de la capitale du Guatemala, San Miguel Los Lotes a été ravagé par l'éruption du volcan de Fuego. »

Le jour où...

LE VOLCAN S'EST RÉVEILLÉ

Le 3 juin, **Daniele Volpe** *mange une pizza sur le toit de sa maison, à Guatemala, quand il aperçoit une pluie de sable noir au loin. Rien d'inhabituel : deux volcans très actifs entourent la capitale du pays. Mais, en se renseignant, il comprend l'ampleur de la situation. L'éruption de Fuego a détruit le village de San Miguel Los Lotes, ainsi que d'autres bourgs alentour. Le lendemain, le photographe se rend sur place.*

Actualités ═ *Le jour où...*

« De nombreuses personnes ont été évacuées dans la ville voisine d'Escuintla.
Les gens cherchaient leurs proches sur la liste des survivants, ou sur celle des morts. »

« Le lendemain de l'éruption, à San Miguel Los Lotes. En tout, cette catastrophe a fait 110 morts et près de 200 disparus. »

Actualités === Le jour où...

« Les habitants de San Miguel Los Lotes dans un abri à Escuintla. »

« Des sachets d'eau ont été acheminés pour les survivants. Pendant plusieurs jours, les écoulements de lave et les explosions ont continué. »

« Je voyais tout en noir et blanc. Seul le ciel me rappelait que les couleurs existaient. »

« Deux mètres de cendre recouvraient le village. L'odeur était horrible, je pouvais sentir que je marchais au-dessus de cadavres. »

Actualités ═ *Le jour où…*

L'image

FEMMES DE DAECH

Épouses et sœurs de combattants de l'État islamique sont jugées en Irak. Des procédures à la va-vite, **Alessio Mamo** *en témoigne.*

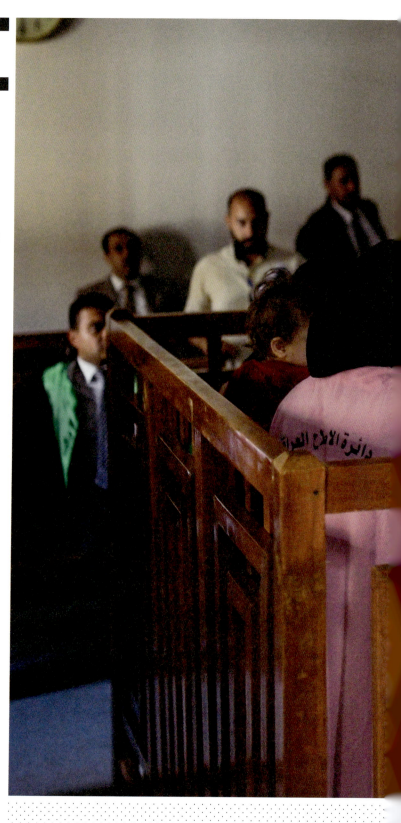

En rejoignant la Syrie en 2015, la Française Mélina Boughedir n'imaginait pas comparaître trois ans plus tard au palais de justice de Bagdad pour appartenance à l'État islamique, dans une cage à barreaux de bois, sa fille de 16 mois dans les bras. Le photographe italien Alessio Mamo et la journaliste Marta Bellingreri ont assisté au premier jour d'audience, le 2 mai dernier. *« Il y avait de nombreux journalistes français, on n'avait pas l'autorisation de prendre de photo, l'ambiance était tendue »*, racontent-ils. Le 3 juin, cette femme de 27 ans originaire de la région parisienne a évité la pendaison, mais a écopé de vingt ans de prison – la peine maximale. À Bagdad comme à Mossoul, la deuxième ville d'Irak (aux mains de l'État islamique jusqu'en juillet 2017), environ 70 personnes comparaissent chaque semaine devant la justice pour leur appartenance supposée au groupe djihadiste. Parmi eux, des femmes, des sœurs, des fiancées d'hommes tombés au combat, de toutes nationalités. Elles ont été capturées par l'armée régulière irakienne, des milices chiites ou des combattants kurdes. Leurs avocats sont commis d'office. En une dizaine de minutes, à la suite d'une première audience d'enquête, elles sont condamnées à mort, à la prison à perpétuité ou à des peines plus légères. Alessio Mamo et Marta Bellingreri ont échangé avec des mères et leurs enfants dans les prisons étouffantes des tribunaux, entendu les rapides délibérés. À ce jour, 20 000 personnes environ attendent toujours d'être jugées dans les prisons irakiennes •

Théo du Couëdic

« Originaires de Russie et du Tadjikistan, ces femmes sont accusées d'être membres de l'État islamique. Dans la salle d'audience du tribunal de Bagdad, elles attendent un traducteur russe, qui n'est jamais arrivé. Auparavant, elles avaient patienté cinq heures dans une cellule. »

Actualités === *L'image*

Retour sur...
LES CHANTIERS DE LA CRISE

En 2008, la bulle immobilière explose en Espagne, mettant un coup d'arrêt à de nombreuses constructions. **Markel Redondo** *a saisi ces sites fantômes.*

Espera est une petite ville vallonnée d'Andalousie. En mars 2009, 4 habitants sur 5 sont au chômage. La plupart travaillaient dans le bâtiment. Mais, en 2008, la bulle immobilière espagnole a explosé. Markel Redondo, envoyé par *Le Journal du dimanche*, part en photographier les victimes. Déambulant dans la ville, il tombe sur un quartier désert. Maisons sans toit, broussaille en lisière des portes… Le temps semble suspendu.
Ce n'est pas un cas isolé. Dans tout le pays, des gares, des résidences touristiques, des terrains de foot sont à l'abandon. Ces projets ont en commun leur démesure. Pendant des années, les promoteurs ont profité de milliards d'euros de prêts bon marché, et des dérives des dépenses publiques, pour construire à tout-va, en dénaturant le paysage. Des aéroports ont vu le jour, contre l'avis de la population. Des stations luxueuses sont sorties de terre dans de belles régions de montagne. Des Espagnols se sont jetés à corps perdu dans les métiers du bâtiment. « *À la fin des années 2000, les promoteurs ont fait faillite. Les constructions n'ont pas pu être terminées* », raconte Markel Redondo.
Entre 2010 et 2018, il visite une vingtaine de ces sites, en Andalousie, en Galice, à la périphérie de Madrid. « *Je me suis beaucoup documenté pour les trouver, à partir d'articles de presse, de brochures d'architectes. Je les repérais depuis les airs sur Google Earth.* » Il s'y rend à l'aube ou aux dernières lueurs du soleil, marche parfois plusieurs kilomètres, voit la nature reprendre ses droits. Des lapins se faufilent le long des lampadaires, des cerfs apparaissent au détour de bâtisses abandonnées. « *J'avais le sentiment d'être le dernier homme sur terre.* »
Markel Redondo a appelé ce projet « Sand Castles » (« châteaux de sable »). « *Ces bâtiments sont construits comme un château sur la plage, friable, édifié à la va-vite. Ils représentent les excès de mon pays.* » •

Théo du Couëdic

« Cette route devait faire partie du périphérique de Favara-Cullera, près de Valence, dans l'est du pays. Elle s'arrête abruptement dans un champ. Le tronçon a été terminé depuis. »

Actualités ═ Retour sur...

« Ici, à Casares, dans la province de Malaga (sud), un chien de garde m'a attaqué. Ces habitations n'ont jamais trouvé preneur. »

« À Benidorm, près de Valence, beaucoup de constructions restent sans canalisations ni électricité. En Espagne, plus de 3 millions de maisons sont vides. »

« C'est la ville fantôme de Francisco Hernando, à Seseña, près de Tolède (centre du pays). Cet homme d'affaires voulait construire le plus grand lotissement d'Espagne, avec 13 508 appartements. La crise l'a coupé dans son élan. Aujourd'hui, une partie sont habités. »

Actualités ══ Retour sur...

« L'aéroport de Castellón, ouvert en 2011, n'a pas été utilisé avant 2015. Son coût (150 millions d'euros) et sa statue monumentale, commandée par l'ancien président de la province, en font un des symboles de la crise et des dérives des dépenses publiques. »

« Je suis revenu deux fois, à huit ans d'intervalle, dans ce complexe près de Tercia (sud-est). Le palmier était toujours là, en train de pourrir. Aux alentours, il y a 300 ou 400 maisons abandonnées. »

« L'Edificio Intempo Benidorm, situé sur la côte est, fait 189 mètres de hauteur. Il aura fallu sept ans pour le terminer, en 2014. »

Actualités ══ Retour sur...

« Des migrants débarquent en Sicile. Après une première identification, ils seront conduits dans des centres fermés. Je vois des similitudes entre l'accueil des survivants et la gestion des victimes : codes, lignes, chiffres, uniformes, masques. »

Le témoin

ENQUÊTE D'IDENTITÉ

Depuis 2015, **Max Hirzel** suit les équipes italiennes qui tentent de mettre un nom sur les migrants morts en mer.

« Le cimetière de Lampedusa compte des centaines de tombes de migrants non identifiés. Des cadavres échouent sur les îles italiennes depuis le début des années 1990. Les habitants font de petits gestes : fleurs sur les tombes, chants… »

En 2011, Max Hirzel rencontre au Mali un jeune migrant, Alpha, qui lui raconte : « *Dans le désert, j'ai vu une tombe. On m'a dit que c'était une Camerounaise de Douala, je me suis demandé si sa famille savait qu'elle était enterrée là, quelque part dans le sable.* » Le photographe suisso-italien décide de travailler sur les migrants disparus. Aux victimes de la traversée de l'Afrique s'ajoutent ceux qui périssent en mer. Plus de 20 000 personnes, 30 000 peut-être, se sont noyées en Méditerranée en vingt ans. Plus de 3 000 pour la seule année 2017. C'est l'un des plus grands désastres européens depuis la Seconde Guerre mondiale. Et ce malgré les radars, les satellites, les moyens militaires et policiers, les milliers de bateaux de commerce en mer. En Italie, porte d'entrée de l'Europe (avec l'Espagne et la Grèce), le sujet est brûlant : il divise l'opinion publique et contribue à la montée du populisme. Il y a les migrants engloutis par la mer et ceux ensevelis sous la terre avec un simple numéro pour identité. Max Hirzel veut montrer cette « *anomalie* » que nous avons fini par prendre pour une fatalité. Après avoir écumé les cimetières et les bateaux utilisés pour les traversées, il s'intéresse au travail d'identification, à ceux qui rendent un nom à un corps – policiers scientifiques, légistes, biologistes – pour aider les familles à faire leur deuil. Ceux qui agissent pour réveiller les vivants, pour nous réveiller, nous.

Programme inédit

À mesure que le photographe enquête, l'Europe se barricade, certains États construisent des murs, les programmes de recherche des disparus se réduisent… Cristina Cattaneo, médecin légiste, est à l'initiative d'un programme inédit : l'identification des victimes du plus grand naufrage de migrants – près de 800 hommes noyés le 18 avril 2015 au large des côtes libyennes. Et elle l'assure : « *Un corps sans nom est une histoire sans conclusion.* » •

Léna Mauger

« *Employé du bureau du procureur de Syracuse, Angelo Milazzo (à dr.) recherche jour et nuit les familles de migrants décédés. C'est lui qui a alerté Mohamed Matok de la mort de son frère en mer, en 2014. Ce Syrien a fait le voyage jusqu'en Sicile pour se rendre sur sa tombe et récupérer ses affaires.* »

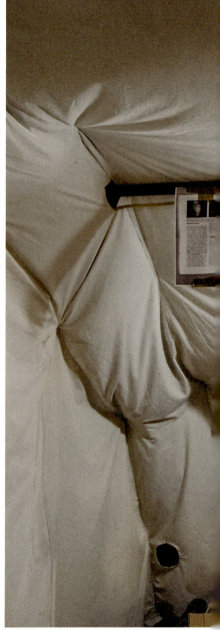

« *Parti de Libye, ce chalutier sans nom a fait naufrage le 18 avril 2015 : 800 migrants à bord, 28 survivants. L'Italie a fait repêcher l'épave, qui a été transportée sur une base de l'Otan en Sicile. Les pompiers ont extrait de la cale plus de 400 corps, "entassés comme dans les trains pour Auschwitz", ont-ils dit.* »

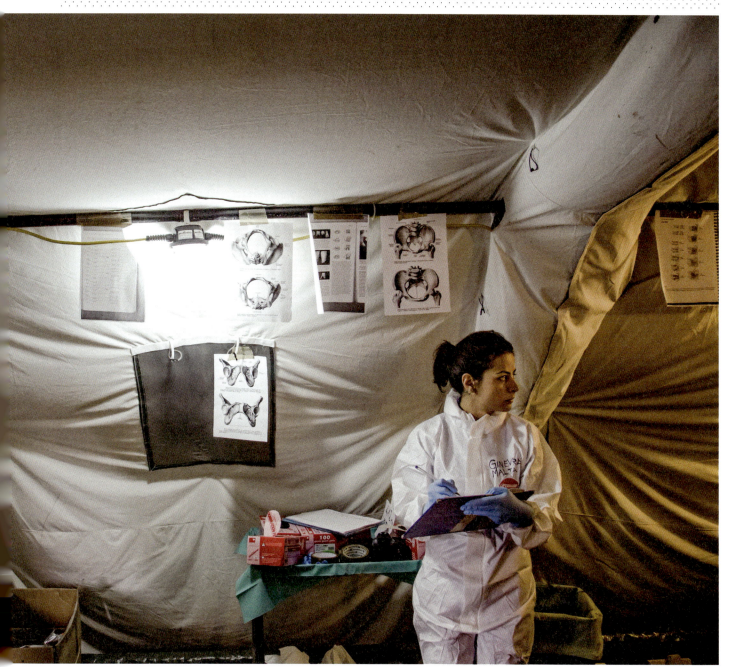

« Pour les identifier, 13 universités se sont relayées des mois durant dans les hangars transformés en morgue. Ginevra Malta, de la fac de Palerme, s'apprête à compiler des notes d'autopsie. L'odeur et la chaleur sont insupportables. Comme ses collègues, elle fait ce travail bénévolement, mais "cela a du sens". »

Actualités — Le témoin

« Après l'autopsie, les corps sont mis dans des cercueils de zinc, identifiés par un numéro. Puis les services funéraires les répartissent dans les cimetières de Sicile. Sur le bateau, il n'y avait que des hommes, en majorité d'Afrique subsaharienne. Un tiers d'entre eux avaient de 12 à 16 ans. Le plus jeune, 7 ans. »

« Les légistes prélèvent l'ADN et scrutent les morphologies, mais répertorient aussi pièces d'identité, portables, photos (parfois cousues dans les poches). Tout est nettoyé et séché. Ces informations, centralisées à Milan, sont partagées avec la Croix-Rouge et les ambassades. La légiste Cristina Cattaneo dit qu'il faut "arrêter avec ces mythes selon lesquels les Africains n'ont pas de registres et que personne ne cherche les disparus". »

« En Italie, certains se demandaient à quoi servait de dépenser autant d'argent pour des morts. J'ai donc voulu rencontrer des proches de disparus. Là, on est au Sénégal, dans la famille de Mamadou, victime présumée du naufrage. Ses frères ont consulté des dizaines de marabouts pour retrouver une trace de lui. L'imaginant mort, ils se sont réunis pour autoriser sa femme à se remarier. Mais elle a besoin de voir le corps pour réaliser. »

Actualités ══ Le témoin

1– Sur le lac Kootenay, au Canada, 1922.
2– Dans l'Ontario, 1960.

Il l'a fait

LÉGENDES INDIENNES

Au Canada, le journaliste **Paul Seesequasis** *fait circuler ces photos anonymes sur les réseaux sociaux pour trouver leur origine.*

Tipis en peaux, séchoirs à poissons, canoës, chevaux montés sur une simple couverture à franges… On découvre ces photos comme un archéologue les vestiges d'une civilisation d'un autre âge. Et pourtant, elles n'ont rien d'archaïque. Elles racontent la vie quotidienne des Amérindiens, des Inuits et des Métis du Canada, de la fin du XIXe siècle au milieu des années 1970. Issues des fonds d'archives de musées, la plupart sont sans légende. C'est à peine si on connaît le nom des photographes, rarement professionnels. Elles circulent aujourd'hui sur les réseaux sociaux afin que les internautes aident à déterminer leur origine. La démarche a été lancée il y a trois ans par Paul Seesequasis. Basé à Saskatoon, dans le centre du Canada, ce journaliste aux racines crees et ukrainiennes s'est lancé un défi : montrer des histoires « positives » des peuples amérindiens. À l'époque, les discours médiatiques sont saturés de récits d'assimilation forcée. En 2015, un rapport de la Commission de vérité et réconciliation dénonce un *« génocide culturel »* du gouvernement canadien envers les populations autochtones. Paul est familier de cette politique, sa propre mère l'a subie. C'est elle, pourtant, qui lui suggère de remettre un peu de gaieté dans l'histoire de ces communautés. Jour après jour, il déniche des pépites et les poste sur ses comptes Twitter et Facebook, dans l'espoir de récolter des noms, des lieux… Les internautes ne tardent pas à réagir. L'un a reconnu sa grand-tante, l'autre son grand-père. On se souvient. Et la mémoire circule •

Victoria Scoffier

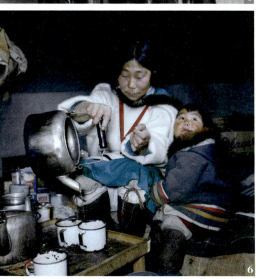

3 – *Filles de pêcheurs dans un village du Nunavik, 1960.*
4 – *Couples waywayseecappo dans une réserve du Manitoba, 1905.*
5 – *Enfants inuits.*
6 – *L'artiste inuite Sheouak Petaulassie à Cape Dorset, 1960.*

Actualités ══ *Il l'a fait*

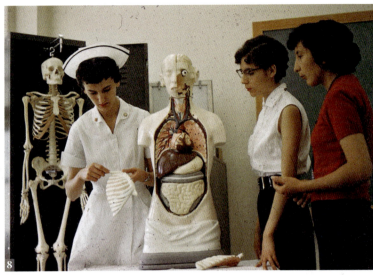

7– *Fort Macleod, en Alberta, 1917.*
8– *Étudiantes infirmières à Calgary, en Alberta, 1954.*
9– *Deux sœurs de l'ethnie des Dénés, à Dillon, 1955.*
10– *Territoire du Nunavut, 1953.*
11– *1897.*
12– *Jeux d'enfants.*

13 – Équipe de hockey de la réserve d'Alkali Lake, à Vancouver, 1932.
14 – À Kangiqsualujjuaq, dans le territoire du Nunavik, 1960.
15 – Femme inuite, 1956.
16 – Jeunes filles inuites sur l'île Richards, 1956.

Actualités ══ *Il l'a fait*

17— *Moses Ituk et sa famille, à l'embouchure de la rivière Koroc, 1951.*
18— *Portrait de Walking Buffalo, à 92 ans, à Morley, en Alberta, 1962.*
19— *L'artiste inuite Napachie Pootoogook, à Cape Dorset, 1959.*
20— *Taloyoak, territoire du Nunavik, 1951.*

CRÉDITS. 1 : TOUCHSTONES NELSON MUSEUM AND ARCHIVES. 2 : GHISLAINE LECOURS/ CANADIAN MUSEUM OF HISTORY. 3, 6, 8, 9, 14, 15, 16, 18, 19, 21, 24, 26 : ROSEMARY GILLIAT EATON / LIBRARY AND ARCHIVES CANADA (LAC). 4 : ALEX ROSS. 5 : LAC. 7, 11 : DR. 10 : RICHARD HARRINGTON / LAC. 12 : BERN WILL BROWN/ NWT ARCHIVES. 13 : STUART THOMSON/ ARCHIVES OF VANCOUVER. 20 : RICHARD HARRINGTON / LAC. 17 : JACQUES ROUSSEAU / ARCHIVES DU JARDIN BOTANIQUE DE MONTRÉAL. 23 : GEORGE LEGRADY. 25 : RICHARD ERDOES / YALE. 22 : GLENBOW ARCHIVES.

21 – *Des étudiantes autochtones à Edmonton, en Alberta, 1954.*
22 – *Des membres de la tribu des Siksikas, en Alberta, 1923.*
23 – *Enfants crees, à Fort George, 1973.*
24 – *À Iqaluit, dans le territoire du Nunavut, 1960.*
25 – *Partie de lacrosse, à Akwesasne, 1975.*
26 – *Chasse à la baleine dans la baie de Frobisher, 1960.*

Actualités ═ ***Il l'a fait***

Photomaton

COURSES EN TENUE

Jennifer Breuel *a poussé les portes d'un supermarché d'Opuwo, dans un coin désertique de Namibie. Tradition et modernité s'y percutaient.*

Station-service d'Opuwo. Jennifer Breuel ouvre laborieusement la portière de son 4x4. Des dizaines de personnes, collées aux vitres, lui demandent de l'argent et de la nourriture. La chaleur est écrasante. Elle se précipite au supermarché pour acheter des boissons fraîches et profiter de l'air climatisé. Un mot d'ordre : se tirer d'ici le plus vite possible. Seule ville du nord-ouest de la Namibie, entourée de chemins caillouteux et de rivières asséchées, Opuwo est l'unique point d'approvisionnement à des kilomètres à la ronde. Et elle a des allures de fin du monde. Une fois leur réservoir rempli, les touristes se dirigent vers les maisons d'hôtes alentour, vers les villages himbas, les chutes d'Epupa ou le parc national d'Etosha.

Demi-tour

La photographe allemande traverse l'Afrique australe. Après la halte à Opuwo, elle reprend la route, direction la frontière angolaise. Mais, les mains sur le volant, elle se repasse cent fois les images du supermarché. Elle revoit cette femme, minijupe en peau de chèvre, la peau ocre, le torse nu, reluquer une vitrine de pâtisseries, dans un endroit comparable à n'importe quel magasin occidental. Cette autre, en soutien-gorge, recouverte de perles, un sein sorti de sa loge, faire les comptes à la caisse. Ou encore cette dame en tenue victorienne palper des fruits et légumes. Malgré la fatigue, elle fait demi-tour. Elle cherche à établir le contact avec ces clients. En vain. Avec ses quelque 7 000 habitants, Opuwo est la capitale de la région de Kunene. De nombreux autochtones ont quitté leur village pour y travailler. Ils sont illettrés, parlent mal l'anglais. Ceux qui acceptent de se laisser photographier ne le font qu'en échange de quelques dollars namibiens. *« Une fois la photo terminée, ils continuaient à poser comme des statues de plomb. J'ai essayé de les prendre dans la posture la plus naturelle possible. »* Ces clients sont des Himbas, des Timbas, des Zembas, des Héréros. Des tribus aux traditions fortes, avec des codes vestimentaires marqués. Mais depuis peu, leurs enfants vont à l'école et doivent se vêtir de la tête aux pieds. La ville est cosmopolite, avec des riches, des pauvres, des Noirs, des Blancs et un beau panel de tenues. Aux alentours, beaucoup se déplacent en charrettes tirées par des ânes. Des troupeaux de chèvres se baladent devant les bureaux de l'administration. On tue les animaux pour se nourrir mais aussi pour se vêtir. De plus en plus de touristes viennent découvrir la région, attirés par le mode de vie himba. Et tombent parfois sur des jeunes femmes habillées de peaux de bête, baskets aux pieds •

Théo du Couëdic

« Les Himbas vivent dans le nord-ouest de la Namibie. Ils s'enduisent le corps et les cheveux d'un mélange de graisse animale, de cendre et de terre ocre. C'est leur crème de beauté. »

Actualités — Photomaton

« Les femmes héréros ont adopté le code vestimentaire des missionnaires de l'époque coloniale : longue robe et couvre-chef de type victorien. »

« Cette femme himba porte une jupe en peau de veau. Les chevilles sont considérées comme une zone érogène, contrairement à la poitrine. »

Actualités ═ Photomaton

« Mère et fils sont vêtus de tissus modernes. Les bijoux de cette femme sont réalisés à partir de perles, de fer, de plastique et de cuivre. »

« *Cet homme était ouvert, curieux. Les autres clients se sont montrés plus timides et réticents.* »

Actualités === **Photomaton**

« Le supermarché vend d'énormes sacs de riz, de maïs et de farine à la population locale. Les produits importés sont destinés aux touristes. »

« Les Héréros ont été victimes d'un massacre sous l'occupation allemande, au début du XXᵉ siècle. Aujourd'hui, ils sont environ 160 000 en Namibie. »

Actualités — Photomaton

Instantanés

Lévitation au Kremlin, **Russie**

Vol plané, **Royaume-Uni**

Fin de soirée à Las Vegas, **États-Unis**

Match amical, **Colombie**

Poissons soigneurs, **Turquie**

Éclipse solaire, **États-Unis**

Course hippique, **Dubaï**

Mauvaise chute, **Royaume-Uni**

Actualités ═══ Instantanés

Tenue correcte exigée, **îles Canaries**

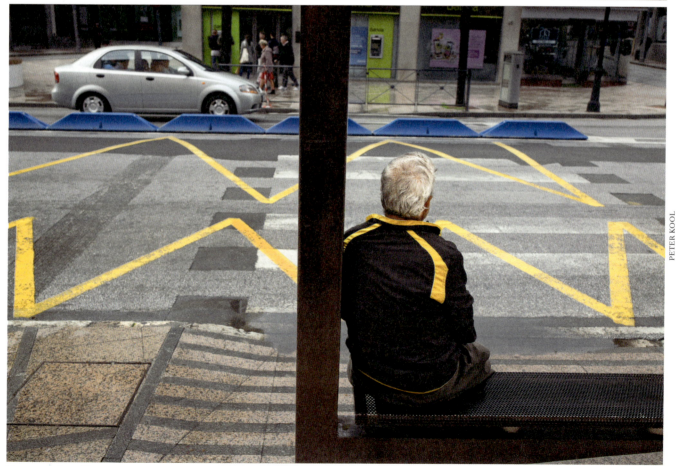

Lignes de bus, **Espagne**

Autopsie de nouilles, **Royaume-Uni**

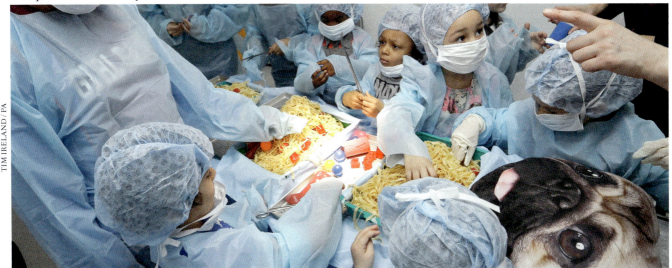

Poupées russes, **Lettonie**

Bande à part, **Royaume-Uni**   *Garde à vous !*, **Chine**

Actualités ══ Instantanés

48
Femmes battantes
Cela fait trois ans que les Argentines se mobilisent contre les violences machistes. **Karl Mancini** *est devenu l'ami et le confident de ces militantes déterminées.*

74
La brûlure
Pour tenir les hommes à distance, des mères brûlent les seins de leurs filles. **Heba Khamis** *décrit une pratique qui touche 12 % des Camerounaises.*

96
Sauve-toi, Maggie
Un soir, aux États-Unis, Shane frappe Maggie. **Sara Naomi Lewkowicz** *est là, chez eux. Elle shoote. Et continuera à suivre la jeune femme et ses enfants.*

SYNTHÈSE

#METOO, ET APRÈS?

En septembre 2018, plus besoin de défiler en maillot pour concourir au titre de Miss America. L'épreuve a été remplacée par une discussion avec le jury. Effet Weinstein. Juger sur l'apparence physique n'est plus politiquement correct aux États-Unis depuis qu'en octobre 2017 une centaine d'actrices ont témoigné publiquement de ce que le petit monde d'Hollywood savait. Un an après le scandale, plus rien n'est comme avant. Des politiciens, des acteurs, des présentateurs télé ont perdu leur emploi et leur réputation, emportés par la vague #MeToo (« moi aussi »).
En encourageant les femmes à dire qu'elles aussi avaient été victimes de harcèlement ou de violence sexuelle, l'actrice Alyssa Milano a mis le feu aux poudres. Le mouvement #MeToo existait pourtant depuis une dizaine d'années. Il avait été lancé en 2007, à New York, par une certaine Tarana Burke, qui se présente comme « *survivante* » d'une agression sexuelle. Depuis une décennie, cette travailleuse sociale noire œuvrait dans l'ombre, au sein de quartiers défavorisés. Avec un credo : les femmes doivent dépasser le statut de victime, résister, agir. Parvenue à la lumière dans le sillage de l'affaire Weinstein, Tarana Burke martèle une question : « *Qu'est-ce qui se passe une fois qu'on a dit "Me too"?* »
Cette question, des centaines de millions de femmes peuvent légitimement se la poser. « *J'aurais aimé que ça ait commencé ailleurs qu'aux États-Unis* », se désole une ancienne conseillère des Nations unies sur les droits des femmes, professeure à l'université de New York, Anne Marie Goetz. Le rejet de la culture américaine, que des dizaines de pays ont en partage, a fait le jeu des partisans du statu quo. En Afrique et dans la plupart des pays d'Amérique latine, le mouvement #MeToo n'a presque pas eu d'impact. « *Le test à long terme, ce n'est pas de savoir si ça fait tomber des douzaines d'Américains puissants, mais si ça permet à des millions de femmes à travers le monde de se lever* », estime Michelle Nunn, la présidente de la branche américaine de Care. Ce réseau international d'aide humanitaire a fait réaliser une étude dans huit pays. Résultats : en Égypte, 62 % des hommes jugent « *acceptable* » qu'une salariée ait des relations intimes avec son employeur, ou un parent ou un ami de ce dernier ; en Inde, 39 % des hommes jugent « *acceptable* » de harceler verbalement leurs collègues ; en Grande-Bretagne, 36 % des 25-34 ans jugent « *acceptable* » de leur pincer les fesses.

Si le slogan #MeToo a fait le tour du monde, c'est grâce à l'essor d'Internet et à la mondialisation. Mais dans le même temps, combien de femmes enrôlées dans l'industrie florissante de la pornographie pour satisfaire l'offre sur la Toile ? Et combien de Népalaises et de Nigérianes recrutées dans les réseaux de prostitution qui se développent au rythme de l'internationalisation des échanges ? Chaque année, 1 à 2 millions de femmes sont vendues comme des objets sexuels pour la prostitution, selon Amnesty International. Quand un homme est assassiné, il l'est presque toujours par un inconnu. Quand une femme est assassinée, elle l'est souvent par un de ses proches : 38 % des féminicides sont le fait du conjoint. Les violences faites aux femmes ont une particularité : elles émanent de ceux qui sont censés les protéger. À *6Mois*, nous recevons beaucoup de propositions de sujet sur ce thème. Fillettes mariées de force, jeunes Africaines excisées, Indiennes brûlées à l'acide... Leurs bourreaux sont leurs pères, leurs frères, leurs maris, leurs compagnons. De retour de Mongolie, où il a travaillé sur les violences conjugales, le photographe belge Régis Defurnaux nous envoyait ses travaux accompagnés de ces mots : *« Chacune des images est ce qui reste de la terreur, toutes ont été battues, frappées, violées, enfermées, oubliées, effacées dans un pays d'hommes hagards qui se vivent entre eux, encore à l'échelle de la yourte, dans la crasse et la misère, et un silence de plomb. »*

En Argentine, où les violences conjugales font partie du quotidien, les femmes s'organisent pour dire non. Elles ont créé un mouvement, Ni Una Menos, moins médiatique en Europe que #MeToo mais ancré dans la réalité. Il a déjà essaimé en Amérique latine et est en passe de gagner l'Espagne, l'Italie et les États-Unis. Le photographe italo-argentin **Karl Mancini** enquête depuis plusieurs années sur cette mobilisation hors du commun.
Le comble de la cruauté est atteint au Cameroun, où des mères se sentent obligées de mutiler leurs filles pour les protéger des hommes. L'histoire nous vient d'une photographe égyptienne, **Heba Khamis**, qui est allée de village en village pour témoigner de cette pratique : pour éviter que le regard et les mains des hommes ne se posent sur les seins de leurs filles, des mères les leur brûlent avec une pierre chaude.
Les travaux sur les violences conjugales témoignent aussi de l'après. Comment imaginer pénétrer le huis clos d'un couple ? C'est pourtant ce qui est arrivé à une photographe américaine, qui a vu malgré elle un homme brutaliser une femme, en présence d'un enfant, et a continué de « shooter ». Depuis qu'elle a pris ces images, il y a quelques années, **Sara Naomi Lewkowicz** suit l'histoire de cette femme, de son fils et de sa fille surtout. Parce qu'il y a des traces, une suite, toujours •

Marie-Pierre Subtil

Triptyque   La cause des femmes

Triptyque

FEMMES BATTANTES

Le mouvement Ni Una Menos est né en 2015, après une série d'assassinats de femmes. Depuis, les Argentines sont vent debout contre les violences machistes. **Karl Mancini** *est à leurs côtés dès les premiers jours.*

« Carla, 26 ans, a toujours été avec des hommes violents. Elle est logée, avec le dernier de ses 6 enfants, par la coopérative Mika. Cette association d'un quartier populaire de Buenos Aires a été créée après le meurtre en 2015 d'une jeune femme, Micaela Gaona, par son compagnon. »

« Karina a été brûlée par son mari. Elle s'est jetée dans une piscine pour éteindre le feu. En attendant le procès, une voiture de police stationne devant chez elle jour et nuit car sa belle-famille continue de la harceler. »

Triptyque Femmes battantes

« La coopérative Mika organise des ateliers coiffure et maquillage pour les victimes de violences. Elles s'entraident, parlent de leur vécu, et participent aux manifestations d'un grand mouvement féministe, Ni Una Menos, créé en 2015. En Argentine, une femme meurt sous les coups de son compagnon toutes les 18 heures. »

Triptyque **Femmes battantes**

« Belen était secrétaire d'un anesthésiste dans le très chic quartier de Palermo et travaillait parfois chez lui. Un soir, il est rentré avec une autre fille, les a droguées et frappées. Le père de Belen a médiatisé l'affaire, l'agresseur est en prison. »

« Galvanisées par le mouvement Ni Una Menos, les femmes violentées commencent à porter plainte. Les principaux commissariats ont désormais un service spécialisé. »

Triptyque Femmes battantes

« Ce jour-là, en 2017, chaque militante de Ni Una Menos arbore l'identité d'une femme tuée le mois précédent. Ces féministes conçoivent leurs manifestations comme des performances. »

Triptyque *Femmes battantes*

« Marta a perdu sa fille Diana, tuée par son compagnon narcotrafiquant. Elle se fait réconforter par l'une des "mères de la Place de mai", qui luttent pour retrouver leurs enfants disparus pendant la dictature [1976-1983]. »

« La mère et l'une des sœurs de Diana se recueillent sur sa tombe. »

Triptyque **Femmes battantes**

« Adriana a été menacée plusieurs fois de mort par son ex-mari. Le juge l'a équipée d'un dispositif pour alerter la police. Le jour où elle l'a fait, personne n'est venu. Elle a porté plainte 48 fois contre son ex-mari, en vain. Elle n'ose plus sortir et vit comme en prison. »

« Un après-midi, j'accompagne dehors les jumelles d'Adriana, Rivka et Alicia. Cette sortie est exceptionnelle. Les filles aussi sont menacées par leur père. »

Triptyque Femmes battantes

« Les militantes de Ni Una Menos préparent la marche du 8 mars 2017, pour la journée de la femme. C'est l'une des manifestations les plus importantes de l'année. La réunion est non mixte, je suis rapidement mis dehors. »

Triptyque *Femmes battantes*

« Ancienne prostituée, Alika est la seule femme du pays à avoir réussi à faire condamner son mac. C'est l'une des principales figures du mouvement pour l'abolition de la prostitution. Recherchée par la mafia, elle vit dans un appartement de l'État avec ses 6 enfants. »

« Des hommes violents prennent part à une thérapie de groupe. Certains sont là volontairement, d'autres à la suite d'une décision de justice. Ces séances sont encadrées par des médecins et des psychologues bénévoles. »

Triptyque **Femmes battantes**

« Higui est lesbienne. En 2016, elle s'est fait violer par 8 hommes qui voulaient lui montrer "ce qu'est être une femme". En se défendant, elle en a tué un avec un couteau. Condamnée pour homicide involontaire, elle s'est retrouvée en prison. »

« Veronica, militante de Ni Una Menos, réconforte la sœur de Higui. Grâce à la mobilisation féministe, Higui a été libérée après huit mois de détention. Le mouvement continue de réclamer sa réhabilitation. Ses agresseurs sont libres. »

Triptyque *Femmes battantes*

« Le 8 mars 2018, 500 000 femmes défilent à Buenos Aires avec Ni Una Menos. Le mouvement gagne aujourd'hui toute l'Amérique latine. Il existe aussi aux États-Unis, en Espagne et en Italie. »

Triptyque *Femmes battantes*

ÉCLAIRAGE

« ALLEZ PAS NOUS L'ÉNERVER »

Son compagnon la battait. Quand elle a appelé les gendarmes, ils lui ont répondu : « Bah, changez les serrures ! » Morgane Seliman raconte son calvaire dans un livre.

Le vendredi matin, après une soirée de cauchemar, je téléphone aux gendarmes. Ceux dont nous dépendons sont une petite brigade de campagne. Je leur expose la situation, leur dis à quel point Yassine est violent, et que j'ai peur. *« Ben, il faut changer les serrures, madame. Si vous craignez qu'il revienne, changez les serrures ! »* Quand je leur explique que je veux porter plainte, ils me répondent de les appeler quand je ferai l'objet de violences. *« Mais Yassine prend les téléphones et les clés quand il se met à me taper !... »*
Ils ne comprennent rien de ce qui se passe. Peut-être n'ont-ils jamais été confrontés à ce type de choses ? Je suis atterrée. J'entre alors en contact avec la police d'une plus grande ville. Cette fois, la femme à qui je parle est choquée par mon témoignage. Elle me dit : *« Ne vous inquiétez pas, les gendarmes arrivent tout de suite, je m'occupe personnellement de les appeler ! »* Et effectivement, les gendarmes arrivent. Je leur raconte à nouveau ce qui se passe, je leur explique une fois de plus que j'ai peur.

Ils doivent bien voir que je suis en panique. Leur réponse : *« Bah, changez les serrures, et appelez-nous si ça ne va pas... »* Toujours la même !
Quand je leur dis que je souhaite porter plainte, ils m'informent que ce n'est pas possible parce que je n'ai pas de traces (ils ne sont pas médecins, pourtant, que je sache...) et que ça va encore plus énerver Yassine. Ils me répètent de changer les serrures si j'ai peur. On nage en plein délire. Ils ne se rendent pas compte. Je ne veux pas rester là et attendre que Yassine revienne, comme une fleur, buter contre une porte aux serrures changées. Après ce que je leur ai décrit, qu'est-ce qu'ils croient ? Qu'il va repartir sagement en disant *« tant pis »* ?
Je prends Bilal et je m'enfuis. Je n'emporte rien d'autre que mon téléphone portable. Après la violente dispute qu'on a eue dans la matinée, Yassine a compris que je voulais partir. Alors, vers 13 heures, les petits jeunes du village me préviennent. Ils connaissent mon quotidien et ils ont peur pour moi, eux aussi. *« Morgane, y a Yassine qui est rentré plus tôt que prévu... »* Isabelle me passe également un coup de fil. *« Il paraît que Yassine te cherche. Il dit qu'il est armé. »*
Pas question de retourner à l'appartement dans ces conditions. Je téléphone aux gendarmes, qui réagissent enfin : *« Bon, d'accord, on vous accompagne pour récupérer vos affaires. »*
Une fois sur place avec eux, j'ouvre la première porte, celle qui donne sur le sas. Mais quand je veux mettre ma clé dans la serrure de chez moi, je n'y arrive pas, ça bloque. La porte s'ouvre de l'intérieur et Yassine apparaît : *« Bonjour, messieurs, mademoiselle... Vous venez pour quoi ? »*
Il a son petit air content de lui, mais, en même temps, il fait très attention de rester poli avec les gendarmes. Je réponds du tac au tac : *« Je viens chercher mes affaires ! »*
Alors que je passe le pas de la porte, Yassine m'arrache Bilal des bras et déclare : *« Elle prend ce qu'elle veut, mais moi, je garde le petit ! »* C'est hors de question. Je le dis aux gendarmes, mais eux objectent : *« Mademoiselle, il est calme, là... Ne faites pas d'histoires... »*

Je suis furieuse. Le bail de l'appartement est à mon nom, Yassine a changé les serrures, les gendarmes sont au courant d'absolument tout. Et la seule chose qu'ils trouvent à dire, c'est : « *Bon, mademoiselle, prenez vos affaires. Vous voyez bien qu'il ne va rien faire au bébé. Vous voyez bien qu'il est calme, là.*
– Non mais vous êtes sérieux ? Je suis chez moi ! Je ne pars pas. Ce n'est pas moi qui pars ! »

Pendant la discussion, je ramasse mes affaires. Les gendarmes deviennent de plus en plus insistants pour que je m'en aille, et sans mon fils ! Ils sont en train de me mettre à la porte de mon propre domicile et de laisser un enfant aux mains d'un homme dont ils savent qu'il est violent. L'un d'entre eux ajoute même : « *Pour une fois qu'il est calme... Ça va aller, il ne va rien lui faire, au petit... Allez pas nous l'énerver un peu plus.* »
Moi, forcément, je suis dans tous mes états. Et Yassine reste imperturbable, Bilal dans les bras. Celle qui passe pour une folle, pour une excitée, c'est moi. Et ça me rend encore plus dingue. C'est moi qui ai besoin d'aide, c'est moi qui appelle les gendarmes au secours, ils choisissent la facilité en fermant les yeux. Alors que je m'accroche aux barreaux de l'escalier, un gendarme me saisit par la taille et me force à lâcher prise. Ils m'arrachent littéralement à ma maison et à mon fils.
Je me retrouve à la rue. Seule. C'est chez la belle-mère de Yassine que je trouve refuge pour la nuit. Elle habite à deux pas. Le père n'est pas là. Nous parlons un peu toutes les deux, et elle finit par lancer : « *Laisse tomber. De toute façon, il va te tuer un jour...* »
Elle n'a aucune illusion sur son beau-fils. Elle a passé des années à aller le chercher au commissariat, elle le connaît bien.
Je ne dors pas beaucoup cette nuit-là. Je tourne les choses dans tous les sens pour trouver comment m'en sortir. Finalement, le lendemain, vers midi, je sonne à la porte de chez moi. « *Bon, écoute Yassine, maintenant je pense qu'il faut vraiment qu'on fasse une pause. Moi, je vais chez ma mère. T'es content, t'es pas content, c'est pareil !* » Je suis à la fois calme et déterminée. Yassine est surpris par mon audace. Il ne sait plus quoi dire quand il voit mon aplomb. Je continue. « *Tu gardes Bilal, tu t'en occupes.* »
Je le plante là. Dans le bus, je n'en reviens encore pas. Je l'ai fait. Mon inquiétude pour Bilal s'est évanouie, car la belle-mère de Yassine sera là en renfort. J'ai juste besoin de deux jours pour souffler. Souffler et trouver comment agir.
Le lundi matin, je me sens forte quand je franchis la porte du commissariat. Je viens porter plainte. Je raconte ce qui vient de se dérouler. Mais aussi toutes les violences que je subis depuis plus de trois ans. J'ai les certificats. À la fin de l'audition, je demande à la femme qui m'a reçue ce qui va se passer maintenant. « *On va le convoquer d'ici à trois semaines...* »
Le temps s'arrête.
Trois semaines ? Mais je fais quoi, moi, en attendant ?

Extrait de « Il m'a volé ma vie », de Morgane Seliman. © Éd. XO, 2015.

> « *Celle qui passe pour une folle, c'est moi. Et ça me rend encore plus dingue. C'est moi qui ai besoin d'aide.* »

Triptyque Femmes battantes

POUR EN SAVOIR PLUS

Ni Una Menos, un cri collectif

Elle s'appelait Chiara Páez. En 2015, son petit ami l'a battue à mort avant d'enterrer son corps dans son jardin. Elle avait 14 ans. Pour les féministes argentines, ce meurtre est un déclic. Artistes, intellectuelles, journalistes s'organisent pour protester contre les violences machistes. Elles se réunissent derrière la bannière « *Ni una menos* », slogan choisi en référence au mot d'ordre « *Ni una mujer menos, ni una muerta más* » (« pas une femme de moins, pas une morte de plus ») lancé par Susana Chávez. Cette poétesse mexicaine appelait dès 1995 à lutter contre le féminicide. Les initiatrices du mouvement sont vite rejointes par des femmes venues de tous les horizons. Le mouvement devient *« un cri collectif contre les violences machistes »*. Les militantes dénoncent les meurtres, mais s'élèvent contre la domination des hommes en général. Elles se battent pour l'égalité salariale, le droit à l'avortement et contre le harcèlement de rue.

Les oubliées du Mexique

Une installation à Mexico contre les violences faites aux femmes, en mars 2018. En moyenne, 7,5 femmes sont tuées chaque jour dans le pays.

Dans les années 1990, les journalistes qui couvrent l'Amérique latine ont les yeux braqués sur Ciudad Juárez, ville mexicaine située à la frontière avec les États-Unis. Ils la rebaptisent « la ville qui tue les femmes ». Celles-ci sont capturées par dizaines par des réseaux de prostitution, puis tuées après avoir été exploitées. Leurs corps mutilés sont retrouvés dans le désert. Selon l'association Mesa de Mujeres (« la table des femmes »), qui soutient leurs mères, plus de 1 500 femmes ont disparu depuis 1993. Leur nombre a explosé au milieu des années 2000. Paradoxalement, au moment même où la violence atteint des sommets, la presse détourne les yeux. À partir de 2008, les cartels de la drogue se mènent une guerre sans merci à Ciudad Juárez. « *Les féminicides et disparitions ont été rendus invisibles, noyés dans la violence généralisée* », estime Santiago González, avocat des familles de disparues. En 2009, la Cour interaméricaine des droits de l'homme a déploré la négligence des enquêtes judiciaires et jugé les autorités mexicaines responsables de la perpétuation des disparitions. En 2017, l'association recensait encore 92 disparues. Dans l'indifférence générale.

L'affaire qui indigne l'Espagne

C'est une décision judiciaire qui a mis le feu aux poudres. Le 26 avril 2018, à Pampelune, dans le nord de l'Espagne, plus de 30 000 manifestantes descendent dans la rue. Le tribunal de Navarre vient de juger 5 hommes âgés de 27 à 29 ans qui, pendant les fêtes de Pampelune de 2016, ont violé une jeune femme avant de l'abandonner dans un hall d'immeuble. Ils ont été condamnés à neuf ans de prison pour de « simples » faits d'abus sexuels. Ils étaient poursuivis pour agression sexuelle, une catégorie qui, en Espagne, inclut le viol. Les juges ont récusé ce motif, estimant qu'ils n'avaient pas fait usage de la violence pour contraindre la victime. Pierre angulaire de leur décision : une vidéo diffusée par les agresseurs sur WhatsApp, dans laquelle la jeune femme ferme les yeux et ne se défend pas. Cette décision, condamnée par l'ensemble de la classe politique, a galvanisé le mouvement féministe espagnol. D'immenses manifestations ont eu lieu pendant plusieurs jours. Les réseaux sociaux ont vu émerger un nouveau hashtag, #cuentalo (« raconte-le »). Le parquet et le gouvernement de Navarre ont fait appel. Le gouvernement a annoncé réfléchir à une révision du Code pénal. Les 5 hommes ont été libérés sous caution en attendant le nouveau procès, ce qui a déclenché de nouvelles manifestations.

« Féminicide »

Le terme, défini comme le fait de tuer une femme parce qu'elle est une femme, apparaît dans les années 1990, lorsque deux chercheuses publient *Femicide, The Politics of Woman Killing* (non traduit en français). Dans les années 2000, le féminicide devient un concept pénal dans plusieurs pays d'Amérique latine : le Mexique est le premier, en 2007, à prévoir une peine spéciale ; suivent le Costa Rica, le Guatemala, le Salvador. 11 pays de cette région du monde ont aujourd'hui inscrit le mot dans leurs textes de loi. En Argentine, il est considéré depuis 2012 comme une circonstance aggravante. Les coupables encourent la réclusion criminelle à perpétuité (contre vingt-cinq ans maximum de prison pour un homicide). Depuis quelques années, le mot gagne l'Europe. Il fait son entrée dans *Le Petit Robert* 2015, qui le définit comme *« le meurtre d'une femme, d'une fille, en raison de son sexe »*. Les féministes sont divisées. Certaines souhaitent que le droit français le reconnaisse, pour faire sortir ces meurtres de la case « fait divers ». D'autres considèrent qu'il serait réducteur de penser que les femmes sont tuées parce qu'elles sont des femmes, et que d'autres enjeux sont à prendre en compte dans les homicides conjugaux.

À VOIR À LIRE

Jusqu'à la garde
film de Xavier Legrand (2018)
Dans le bureau d'un juge aux affaires familiales, une mère accuse son mari de violences. Un père, meurtri, demande une garde alternée. Un premier film salué par une critique unanime, et une référence pour les professionnels de la lutte contre les violences conjugales.

Big Little Lies
série de David E. Kelley (2017)
Celeste Wright (Nicole Kidman) est une mère, une épouse et une avocate à qui tout semble réussir. Elle est aussi une femme battue. Son personnage montre bien le mécanisme d'emprise psychologique.

L'homme qui frappait les femmes
d'Aymeric Patricot
(éd. Léo Scheer, 2013)
Une plongée dans la tête d'un homme pris depuis l'adolescence de pulsions violentes envers les femmes. Un des rares ouvrages écrits du point de vue de l'agresseur.

DANS LES COULISSES

Italo-argentin, Karl Mancini vit la moitié du temps à Buenos Aires. En 2015, il assiste aux balbutiements du mouvement Ni Una Menos (« pas une de moins »). Il participe aux toutes premières marches, ne prendra ses premières photos qu'un an plus tard. *« Au début, je voulais surtout parler à ces femmes. Ma mère, argentine, a été victime de violences conjugales. Pour moi, ce n'était pas un sujet parmi d'autres. »* Il se fond dans la foule, écoute les victimes. Dans la presse, il prend l'habitude de lire la rubrique « violence conjugale ». *« Tous les journaux en ont une, ici »*, précise-t-il. Il accumule les témoignages. *« Très vite, une victime vous en présente une autre. Vous entrez dans un réseau. »* Karl sympathise avec elles, vit avec leurs familles, devient leur ami et leur confident. Qu'il soit à Rome ou à Buenos Aires, son téléphone n'arrête pas de sonner. Au bout du fil, Alika, Adriana, Marta… Le plus souvent, les nouvelles ne sont pas bonnes. Leur ex-conjoint continue de les menacer. Sur l'histoire de chacune, Karl est intarissable. *« Cette histoire, c'est celle de ma vie. »*

Triptyque Femmes battantes

Triptyque

LA BRÛLURE

Dans certains villages du Cameroun, des mères brûlent les seins de leurs filles pour les protéger des agressions sexuelles. **Heba Khamis** *a assisté à ce rituel douloureux.*

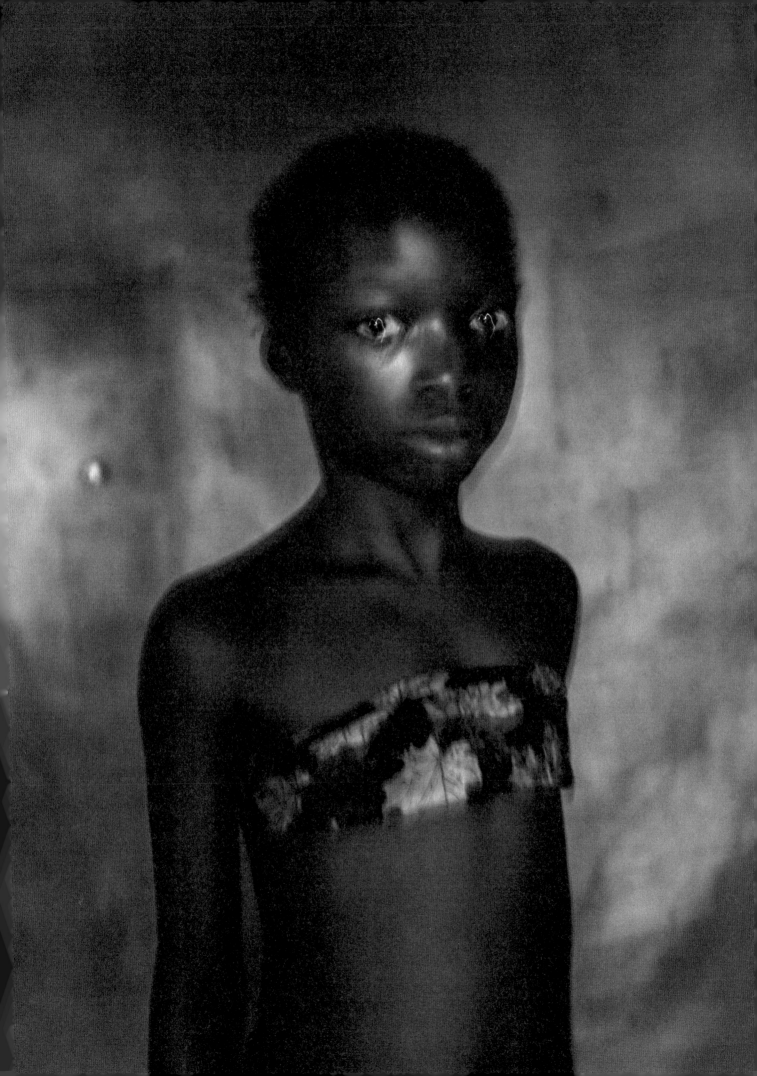

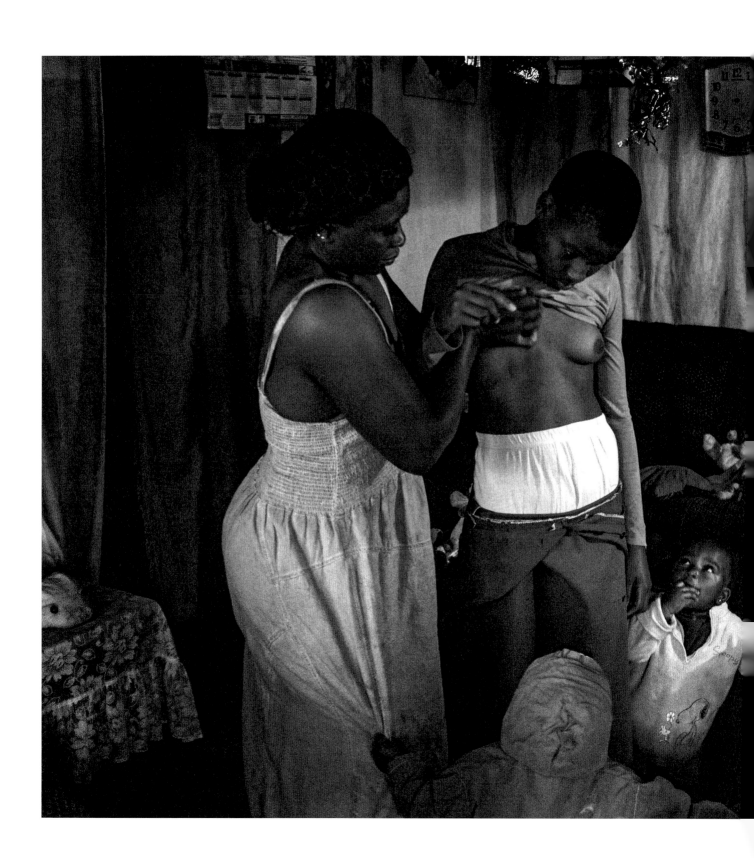

« Véronica masse les seins de sa fille de 10 ans avec une pierre chaude, ce qui brûle les graisses et les fait rapetisser. L'objectif est d'éloigner le regard des hommes et d'éviter une autre grossesse précoce dans la famille. À 28 ans, Véronica est déjà grand-mère. Sa fille aînée est tombée enceinte à 15 ans. »

Triptyque La brûlure

« Gaëlle a connu ce rituel douloureux.
Dès 9 ans, sa mère lui brûlait les seins et
la faisait dormir avec un bandage
serré. Pour y échapper, elle se cachait
dans cette maison, chez des voisins.
À ses côtés, sa fille, qu'elle a eue à 16 ans. »

Triptyque *La brûlure*

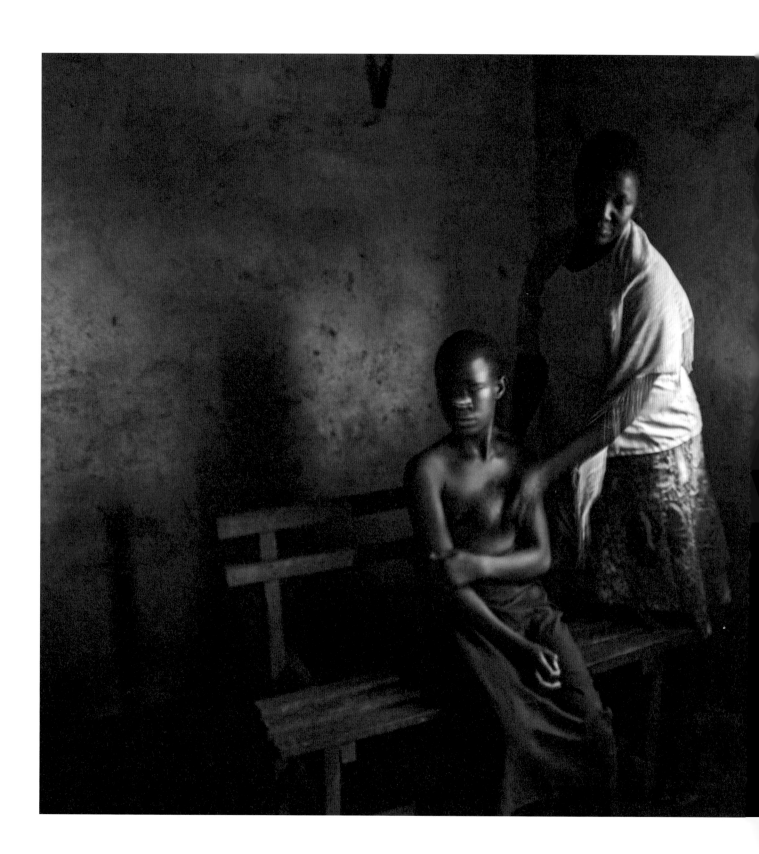

« Cela fait trois mois que Justine masse trois fois par jour la poitrine de sa fille de 11 ans. Elle m'explique qu'avant d'avoir des seins, sa fille doit avoir un corps et un esprit solides pour se préserver des hommes. »

Triptyque *La brûlure*

« Cécile s'est mise à masser sa fille avant que sa poitrine ait commencé à pousser. En s'y prenant tôt, elle n'a eu à le faire que deux fois. Comme beaucoup de mères, elle craint que sa fille ne soit violée autour du village. »

Triptyque *La brûlure*

« Winnie s'est fait brûler les seins par sa grand-mère dès 8 ans. Un jour, pour éviter la séance, elle a fui dans les buissons. En venant la chercher, son oncle l'a violée. Devenue mère à 17 ans, elle n'a pas pu allaiter à cause des séquelles des massages. »

Triptyque *La brûlure*

« Les outils diffèrent selon les villages. La cuillère en bois chauffée est l'un des plus communs, avec la pierre passée sur le gril après avoir fait la cuisine. D'autres utilisent le bâton en bois. Pour optimiser les effets du massage, des bandeaux sont portés la nuit. »

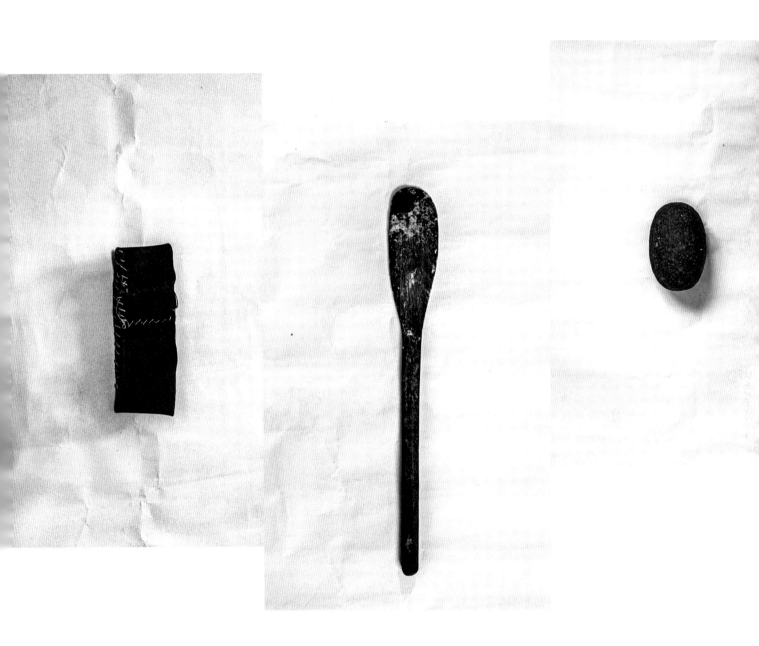

Triptyque *La brûlure*

« En plus de lui brûler les seins dès l'âge de 7 ans, la mère de Valérie introduisait du piment dans son vagin pour la dissuader d'avoir des relations sexuelles. »

Triptyque *La brûlure*

« Brenda a eu de la poitrine à 8 ans. Ses camarades se moquaient d'elle. Sa mère, sur les conseils de sa grand-mère, a commencé à la brûler mais ne supportait pas de la voir pleurer. Elle a arrêté dès qu'une organisation humanitaire a donné à sa fille une brassière qui lui aplatit les seins. »

Triptyque *La brûlure*

ÉCLAIRAGE

« LES FAMILLES DOIVENT ÊTRE ÉDUQUÉES »

Catherine Gisèle Aba Fouda milite contre le repassage des seins, une mauvaise solution pour traiter un vrai problème : les grossesses précoces.

6Mois Que pensez-vous du travail de la photographe Heba Khamis ?
Je suis mal à l'aise car je ne connais pas ces personnes, je ne sais pas si elles ont subi le repassage des seins. C'est un sujet très sensible ici, le ministère en charge des affaires familiales refuse d'admettre que la pratique existe au Cameroun. Personne ne peut en parler sans passer par l'association Renata, dont je fais partie et qui mène un travail de terrain considérable. Quand une victime veut témoigner, nous lui faisons signer un document de consentement pour qu'elle ne puisse pas dire qu'elle a été influencée. Nous prenons ces précautions pour que l'on ne puisse pas saboter notre travail. Quand je vois ces photos, je suis un peu inquiète. J'espère que les familles étaient bien d'accord, ou qu'il ne s'agit pas de personnes faibles qui diront ensuite qu'elles ont été manipulées, ce qui accréditerait le propos de nos détracteurs. J'accepte donc de vous parler, mais à condition que mon propos soit bien distingué des photos que vous publiez.

Pouvez-vous nous parler de l'association Renata ?
Renata est l'abréviation de « réseau national des tantines ». En Afrique, la sexualité est taboue. Les mères n'en parlent pas à leurs filles. Dans les familles, c'est souvent la tante qui aborde le sujet avec sa nièce. Nous nous surnommons les tantines car nous voulons être comme des petites tantes qui font circuler la parole et l'information sur ce sujet. Renata compte 21 000 tantines, regroupées en 366 associations locales et présentes dans les 10 régions du Cameroun. Toutes ont vécu des grossesses précoces. Renata transforme les victimes en actrices du changement. Nous allons dans les communautés pour soutenir les filles-mères, parler des maladies sexuellement transmissibles, des rapports non protégés. Et nous militons aussi contre l'excision et le repassage des seins. Dans les classes de CM1-CM2, nous disons aux filles : *« Quand vous aurez des seins, n'ayez pas honte, cela veut dire que vous êtes en bonne santé »*...

Quand avez-vous rejoint ce réseau ?
En 2006, j'avais 16 ans et j'étais déjà mère d'un bébé de 8 mois. Les tantines sont venues dans ma communauté, elles ont su que j'étais une mère adolescente et m'ont conviée à une formation. La femme qui intervenait a parlé du repassage des seins. En l'entendant décrire cette pratique comme une violence faite aux femmes, j'ai reconnu ce que j'avais moi-même vécu. J'ai levé le doigt pour demander en quoi ce n'était pas bien.

Comment aviez-vous vécu ces brûlures ?
Pour moi, c'était normal, c'était la tradition. J'ai eu des seins tôt, à 10 ans, avant mes grandes sœurs. J'avais intégré les préjugés de la société. Je n'aimais pas ma poitrine, je la voyais comme un problème, je voulais qu'on m'en débarrasse. C'est moi qui rappelais à ma sœur aînée : *« Il est l'heure, tu dois me masser les seins ! »* Je ne voulais pas être souillée. Cela n'a pas marché : à 16 ans, comme beaucoup de jeunes femmes qui ont subi le repassage, j'étais enceinte.

Catherine Gisèle Aba Fouda est une Camerounaise de 28 ans. Victime du repassage des seins, elle est membre de l'association Renata, qui sillonne le pays pour parler aux jeunes filles.

D'où vient cette pratique ?

Elle est ancienne. Mais il y a un siècle, c'était un massage, pas une brûlure. Les mères redonnaient la forme au sein pour préparer la stimulation du lait. C'était quelque chose de doux et de beau. Les instruments de massage n'étaient pas chauffés, ou très légèrement. Ensuite, cela a été dévoyé, je ne sais pas bien comment. Du modelage, on est passés à l'idée de faire disparaître les seins. Ce sont les tantines qui ont baptisé cette pratique « repassage des seins ». Il fallait lui donner un nom pour montrer l'ampleur du phénomène.

Pourquoi les mères font-elles cela ?

Elles n'agissent pas par méchanceté mais pour protéger leurs filles. Les seins sont un signe de puberté, un signal qui peut faire dire aux garçons qu'elles sont assez grandes pour avoir un rapport sexuel. Les mères font cela car elles ne savent pas parler de sexualité. Je dis souvent que c'est une mauvaise solution pour lutter contre un vrai problème : celui des grossesses précoces.

Quelles sont les conséquences de cette pratique ?

Il y a des séquelles physiques. Des filles souffrent de brûlures au troisième degré. Des jeunes femmes ont des problèmes pour allaiter : elles ont des abcès, le lait ne coule plus. D'autre part, certaines ne supportent plus leur image. Elles ne veulent pas que leurs partenaires les voient nues ou leur touchent la poitrine. Les seins sont à la mode en Afrique. Les jeunes adultes qui comprennent qu'elles n'en ont pas parce qu'on les leur a fait disparaître peuvent mal le vivre.

Quelle est l'ampleur du phénomène ?

En 2006, Renata a mené une étude nationale en interrogeant près de 6 000 jeunes femmes : 24 % d'entre elles avaient subi le repassage des seins. Cette étude a été suivie d'une grande campagne de sensibilisation, relayée par des médias comme Radio France Internationale ou la chaîne CNN. L'Église s'est impliquée. Des évêques, des prêtres, des pasteurs nous ont suivies en lançant le slogan : « *Les seins, un don de Dieu !* » Cela a porté ses fruits. En 2012, une deuxième étude a montré que la pratique avait diminué de moitié. Restaient 12 % de femmes concernées.

Que faut-il faire ?

Les familles doivent être éduquées, il ne faut pas que ce soit toujours à des organisations comme Renata de le faire. Nous voulons que le ministère s'implique. Depuis l'étude de 2006, aucune loi n'a condamné cette pratique. Jamais un parent n'a été sanctionné.

Cela n'existe qu'au Cameroun ?

Nous savons que cette pratique existe dans d'autres pays d'Afrique. Nous avons des témoignages venus du Tchad, de Guinée Conakry, du Gabon, du Sénégal... seulement, ce n'est pas forcément vu comme un problème là-bas. Nous sommes les premiers, au Cameroun, à tirer la sonnette d'alarme.

Propos recueillis par Sophie Tardy-Joubert

« Les mères n'agissent pas par méchanceté mais pour protéger leurs filles. Elles ne savent pas parler de sexualité. »

Triptyque La brûlure

POUR EN SAVOIR PLUS

200 millions de femmes excisées

Plus connue que le repassage des seins, l'excision est une mutilation sexuelle. Principalement répandue en Afrique subsaharienne et au Moyen-Orient, elle désigne l'ablation du clitoris et, dans certains cas, des petites lèvres du sexe féminin. En 2016, les Nations unies dénombraient 200 millions de femmes excisées. Ayant pour conséquence de diminuer le désir et le plaisir, cette pratique, rare au Cameroun, est encore très courante en Sierra Leone, en Guinée, au Mali, au Tchad et en Mauritanie. Aucun texte religieux ne l'impose. L'Unicef estime qu'elle constitue dans certaines communautés *« une étape nécessaire dans la bonne éducation d'une fille, une façon de la protéger et, dans de nombreux cas, de lui permettre de se marier »*. Sept filles se font mutiler chaque minute dans le monde, d'après le Groupe pour l'abolition des mutilations sexuelles, une fédération qui lutte contre les violences faites aux femmes. Selon l'Unicef, 5 % des femmes excisées vivent en Europe. Il y en aurait 53 000 en France.

« Elles se dessinent avec des cheveux courts »

En réalisant son reportage sur le repassage des seins, Heba Khamis rencontre dans les villages beaucoup de filles, d'une dizaine d'années à peine, qui ont du mal à mettre des mots sur ce qui leur arrive. La photographe leur propose alors de se dessiner. *« J'ai été surprise de voir qu'elles se représentaient avec des cheveux courts et des poitrines plates. Comme si les standards de beauté étaient modifiés. »* À ces silhouettes androgynes, les petites filles ajoutent pourtant des attributs de féminité, comme des boucles d'oreilles ou des talons hauts. *« Après 15 ans, les mères cessent de brûler les seins de leurs filles. Elles ont l'âge alors d'être des femmes, de laisser leur poitrine pousser, de porter du maquillage et des extensions de cheveux. Les jeunes femmes africaines affichent souvent une féminité exacerbée. »* Pour Heba Khamis, les dessins des fillettes mélangent ces deux réalités.

Des filles enceintes interdites d'école

« Tant que je suis président, aucune élève enceinte ne sera autorisée à retourner à l'école. » John Magufuli dirige la Tanzanie. Quand il a tenu ces propos, en 2017, l'Église lui a apporté son soutien. *« Quel genre d'écoles aurons-nous si nous permettons aux filles-mères d'aller à l'école ? »*, a renchéri Mgr Damian Denis Dallu, archevêque de Songea, dans le sud du pays. Trois pays africains excluent les filles enceintes et les mères adolescentes des salles de classe : la Guinée équatoriale, la Sierra Leone et la Tanzanie. Évidemment, les garçons responsables de la grossesse sont épargnés. Au moins 8 000 filles abandonnent leur scolarité chaque année en Tanzanie, en grande partie à cause de grossesses précoces ou de mariages forcés, selon un rapport de l'organisation Human Rights Watch de 2017. Ces chiffres sont corroborés par le ministère tanzanien de la Santé : 27 % des filles tombent enceintes avant l'âge de 18 ans. C'est en Afrique de l'Ouest et centrale que le taux d'accouchements précoces est le plus élevé du monde – en tête, le Niger. Un record qui, logiquement, va de pair avec celui des mariages d'enfants.

Difficile d'être féministe au Nigeria!

Un extrait plein d'humour de *Nous sommes tous des féministes* (éd. Gallimard, 2015), de l'écrivaine nigériane Chimamanda Ngozi Adichie.

« En 2003, j'ai écrit un roman, *L'hibiscus pourpre*, dont l'un des personnages est un homme qui, entre autres, bat sa femme et dont l'histoire se termine plutôt mal. Alors que j'assurais la promotion du livre au Nigeria, un journaliste charmant et plein de bonnes intentions m'a dit qu'il souhaitait me donner un conseil. (Les Nigérians, vous le savez peut-être, sont prompts à prodiguer des conseils non sollicités.) D'après lui, les gens trouvaient mon roman féministe et il me recommandait – en secouant la tête, l'air attristé – d'éviter à tout prix de me présenter de la sorte, car les féministes sont malheureuses, faute de trouver un mari.

Cela m'a incitée à me présenter comme une "féministe heureuse".

Puis une universitaire nigériane m'a expliqué que le féminisme ne faisait pas partie de notre culture, que le féminisme n'était pas africain, et que c'était sous influence des livres occidentaux que je me présentais féministe. (Ce qui m'a amusée, vu que l'essentiel de mes lectures de jeunesse n'avait rien de féministe : j'ai dû lire tous les romans à l'eau de rose de Mills & Boon avant l'âge de 16 ans. D'ailleurs, chaque fois que j'essaie de lire ce qu'on appelle "les classiques du féminisme", je suis prise d'ennui et ne les termine qu'à grand-peine).

Quoi qu'il en soit, puisque le féminisme n'était pas africain, j'ai décidé de me présenter comme une "féministe africaine heureuse". C'est alors qu'un de mes proches amis m'a fait remarquer que me présenter comme féministe était synonyme de haine des hommes. J'ai donc décidé d'être désormais une "féministe africaine heureuse qui ne déteste pas les hommes", qui aime mettre du brillant à lèvres et des talons hauts pour son plaisir, non pour séduire les hommes. Trêve d'ironie, cela montre à quel point le terme féministe est chargé de connotations lourdes et négatives. »

À VOIR À LIRE

Le couteau brûlant
de Hamitraoré
(éd. Frat Mat, 2012)
Dans son premier livre, l'écrivaine ivoirienne raconte comment elle a été excisée.

Massage à la camerounaise
de Josza Anjembe (2011)
Premier film d'une journaliste franco-camerounaise, qui l'a monté et produit seule. Il a permis de faire découvrir le repassage des seins en France.

L'homme qui répare les femmes
de Thierry Michel et Colette Braeckman (2016)
En République démocratique du Congo, le Dr Mukwege « répare » les femmes violées. Ce documentaire, interdit dans le pays, raconte son incroyable parcours.

DANS LES COULISSES

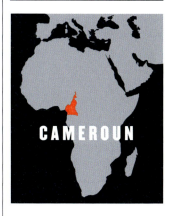

Certains reportages naissent par hasard. Un jour, Heba Khamis voit passer un petit article sur les femmes qui brûlent les seins de leurs filles au Cameroun. Intriguée, elle cherche à en savoir plus, ne trouve aucun travail documentaire d'ampleur. Trois semaines plus tard, elle saute dans un avion. La photographe suit l'organisation humanitaire allemande GIZ, qui sillonne l'est du Cameroun pour faire reculer cette pratique. Dans cette zone, un quart des femmes brûlent les seins de leurs filles.

Faire témoigner les mères n'est pas facile. Le sujet est tabou, elles procèdent à ce rituel dans la pénombre des maisons. *« De l'extérieur, cela semble abusif et criminel. Mais lorsque vous les écoutez, vous comprenez qu'elles agissent par amour. Elles ne savent pas que cette pratique risque d'avoir des conséquences sur la santé de leurs enfants. »* Heba Khamis les approche avec douceur, ne les juge pas, respecte leur pudeur. *« Je n'ai fait aucune photo quand les filles étaient dénudées. Et j'ai volontairement fait quelques images floues. »*

Triptyque La brûlure

Triptyque

SAUVE-TOI, MAGGIE

*En 2012, **Sara Naomi Lewkowicz** suit le quotidien d'un jeune couple, dans l'Ohio, quand elle assiste à une scène que l'on ne voit jamais : Shane frappe violemment Maggie. Depuis, la photographe n'a pas lâché cette jeune femme.*

2012
TROIS MOIS AVEC SHANE

« Nous sommes dans l'Ohio. À 19 ans, Maggie a déjà deux enfants : Kayden, 4 ans, et Memphis, 2 ans. Lorsqu'elle rencontre Shane, 31 ans, elle vient de se séparer de leur père. »

« De prime abord, Shane est sympathique. Avec Maggie, il se montre attentionné, voire un peu étouffant. »

« Dès le début, il demande aux enfants de l'appeler papa. »

Triptyque Sauve-toi, Maggie

« Shane est chômeur et a passé beaucoup de temps en prison. Il s'est fait tatouer le prénom Maggie dans le cou. Cela ne fait même pas trois mois qu'ils sont ensemble. »

« Il essaye d'imposer une autorité parentale aux enfants. Kayden lui répond "Tu n'es pas mon père". »

« Shane a du mal à comprendre que les besoins des deux enfants passent avant les siens. Maggie est sans cesse écartelée. »

Triptyque *Sauve-toi, Maggie*

« Shane est à cran. Ils étaient sortis en amoureux. Mais, dans le bar, Maggie a fait une crise de jalousie : une femme draguait son homme. Elle est rentrée avant lui. »

« J'ai vu la colère de Shane monter pendant toute la soirée. Lorsqu'il explose, je ne suis pas surprise. »

«*Il pose un ultimatum à Maggie : "Soit tu viens discuter avec moi à la cave, soit je continue à te frapper." Elle me dira plus tard que c'est la seconde fois qu'il est violent physiquement avec elle.*»

Triptyque **Sauve-toi, Maggie**

« Quand la dispute a commencé, j'ai prêté mon téléphone à leur colocataire pour qu'il appelle la police. Au début, Maggie ne veut pas porter plainte. Pour la convaincre, je lui montre les photos que je viens de prendre. »

« Le lendemain, elle se réfugie chez sa meilleure amie avec ses enfants. Ils ne reverront pas Shane. Elle non plus. »

« Maggie décide alors de rejoindre le père de ses enfants, un militaire basé à Anchorage, en Alaska. Son grand-père l'accompagne jusqu'à la porte d'embarquement. »

Triptyque *Sauve-toi, Maggie*

2013
LES RETROUVAILLES AVEC ZANE

« Séparé de Maggie, envoyé en Afghanistan, Zane connaît peu ses enfants. Il n'a vu Memphis qu'une seule fois auparavant. »

« Après quelques mois dans un minuscule appartement, la famille emménage dans une maison, sur la base militaire. Chaque enfant a sa chambre. »

« Ils profitent d'un jour de repos de Zane pour se rendre dans un parc d'attractions. Maggie veut croire qu'ils arriveront à reconstruire une vie de couple. »

Triptyque *Sauve-toi, Maggie*

« Bien qu'il dise avoir pardonné, Zane n'accepte pas l'histoire que Maggie a eue avec Shane. »

« Ils avaient 14 ans lorsqu'ils ont commencé à vivre en couple. "C'est difficile de ne pas traîner de valises au bout de six ans de vie commune", dit-elle. »

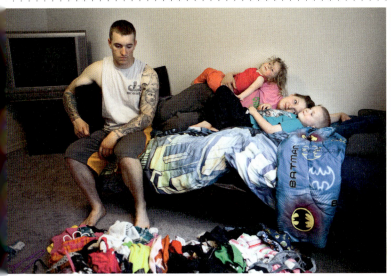 

« Après deux ans loin de Maggie et des enfants, Zane a du mal à être père à plein temps. Avant de les retrouver, il vivait dans des baraquements avec d'autres soldats, en Afghanistan. »

« Maggie et Zane se disputent de plus en plus. Le jeune homme pense à un de ses amis, mort au combat, dont la femme a refait sa vie. "Si je disparais, Maggie m'oubliera-t-elle aussi vite ?" se demande-t-il. »

Triptyque Sauve-toi, Maggie

« Maggie s'est séparée de Zane et a trouvé refuge chez sa sœur, dans l'Ohio. Il ne participe plus aux dépenses de la famille. Elle n'a pas d'argent pour faire garder ses enfants, pas de travail, elle doit se déclarer sans domicile fixe. »

« Elle se fait une petite place dans le mobile home que sa sœur partage avec son mari et ses trois enfants. »

« Maggie montre à son neveu comment prendre soin de sa poupée. "Les petits garçons aussi doivent apprendre à être aimants", me dit-elle. »

Triptyque Sauve-toi, Maggie

2015
UN BÉBÉ AVEC TAYLOR

« Au bout de quelques mois, Maggie emménage dans une petite maison avec ses enfants. Depuis que je la connais, elle a déménagé une douzaine de fois. »

« Elle renoue avec Taylor, un ami du lycée. Elle tombe rapidement enceinte. »

« La grossesse se passe bien. Taylor s'entend mieux que Shane avec les enfants. »

Triptyque Sauve-toi, Maggie

 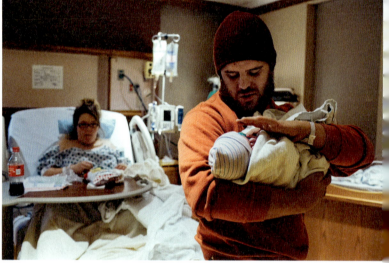

«Taylor est très impliqué dans la grossesse de Maggie.»

«En novembre 2015, elle donne naissance à une petite Everleijh. Taylor est un père très aimant.»

«Aujourd'hui, Maggie semble heureuse. Elle a trouvé du travail dans une entreprise de transport. La famille recomposée a l'air de fonctionner.»

Triptyque *Sauve-toi, Maggie*

ÉCLAIRAGE

« IL FAUT PROTÉGER CES ENFANTS »

Beaucoup de ceux qui ont assisté, petits, à des scènes de violences conjugales deviennent agressifs à leur tour. Comment les aider ? Les réponses du pédopsychiatre Maurice Berger.

6Mois Vous avez dirigé le seul centre de pédopsychiatrie spécialisé dans les soins aux moins de 12 ans très violents. Ils ne pouvaient aller ni en famille d'accueil ni en foyer. Qu'avez-vous observé ?
Beaucoup d'enfants très agressifs ont assisté, petits, à des scènes de violences conjugales. Je me suis spécialisé ensuite dans la prise en charge d'adolescents. Je travaille aujourd'hui dans un centre éducatif renforcé, et 65 % des jeunes reçus ont été soumis à des violences conjugales.

À partir de quel âge les enfants impriment-ils ces scènes ?
J'ai été surpris : plus ils sont petits, plus l'impact est important. C'est avant 2 ans qu'ils en sont le plus imprégnés. Miri Keren, pédopsychiatre qui préside l'association mondiale de santé mentale du bébé, a comparé un enfant qui avait survécu à un attentat à Tel-Aviv à un autre qui, à l'âge de 6 mois, avait vu son père gifler sa mère et lui cracher au visage. Celui qui avait vécu l'attentat était sévèrement blessé au ventre. Il avait été amené par sa mère, blessée elle aussi, en salle d'opération. Il n'a pas eu de séquelles psychiques. Celui qui avait assisté à des scènes de violences conjugales a en revanche été durablement marqué. À la crèche, dès qu'il a su marcher, il giflait les autres enfants et leur crachait dessus.

Pourquoi deviennent-ils violents ?
L'enfant exposé à la violence sécrète trop de cortisol, une hormone qui a un impact toxique sur le développement du cerveau du nourrisson. Elle touche en particulier l'amygdale et l'hippocampe, zones dans lesquelles s'organisent la mémoire des événements et la régulation des émotions. Ces zones atteintes, il aura du mal à réguler sa colère, à contenir sa violence, à supporter la frustration. De plus, avant 2 ans, le langage n'est pas encore acquis : les traumatismes dont l'enfant ne peut pas parler s'inscrivent en lui de manière durable et profonde, sous forme de sensations corporelles. Les images, regards et sons associés à la scène vont rester ancrés. Il garde aussi en lui la force du parent violent : il faut parfois plusieurs adultes pour contenir quelqu'un de 9 ans. D'autant que les médicaments ne fonctionnent pas à des doses pédiatriques. Nous devons parfois administrer des neuroleptiques puissants pour calmer les crises.

Sont-ils tous affectés de la même manière ?
Tous ne présentent pas de troubles. Ceux qui ont assisté à une scène isolée ou ceux dont la mère a réussi à être protectrice peuvent s'en sortir. Malheureusement, un enfant exposé à des scènes de violences conjugales est souvent également victime de négligence. Une mère en situation de survie n'est pas disponible affectivement pour lui. Elle va l'habiller, le changer, le nourrir, mais n'aura pas la capacité de jouer, de sourire ou de chanter une berceuse.

Peut-on protéger ces enfants ?
Aujourd'hui, on ne les protège que si le père est susceptible de s'en prendre à eux directement. Les enfants et adolescents les plus affectés ne sont

Maurice Berger est pédopsychiatre et psychanalyste. Il a participé à plusieurs commissions interministérielles de protection de l'enfance.

pas ceux qui ont été frappés mais ceux qui ont été spectateurs de scènes de violences conjugales, sans qu'aucun cheveu de leur tête ait été touché. En France, on continue pourtant à entendre ad nauseam qu'un mauvais mari peut être un bon père. Dans les procédures de divorce, le fait que l'enfant ait assisté de manière répétée à ces scènes n'est souvent pas pris en compte par les juges aux affaires familiales. Une étude menée sur 2 059 enfants montre que 34 % des pères qui obtiennent la garde alternée ont été condamnés par la justice pour violences conjugales. Un chiffre probablement en deçà de la réalité, car la plupart des femmes violentées ne portent pas plainte, et même quand elles le font, les auteurs sont peu condamnés.

Faut-il que ces enfants ne voient plus leur père ?

Il faudrait sérieusement poser la question suivante : pourquoi les hommes demandent-ils la garde alternée pour un enfant très petit ? Par fibre paternelle ou pour garder leur ex-compagne sous emprise ? Une étude de 2006 a montré qu'en Seine-Saint-Denis, la moitié des féminicides avaient lieu au domicile de la mère au moment où le père venait chercher l'enfant. En 2010, une loi a été votée pour protéger les femmes victimes de violences conjugales. Elle stipule qu'un père condamné pour cela doit venir chercher l'enfant ailleurs que chez la mère.

Peut-on soigner ces enfants ?

On peut envisager une psychothérapie par le jeu ou le dessin. On ne parle pas de ce qui est arrivé, on remet la scène en situation avec des personnages : la violence, mais aussi l'absence de protection de l'enfant. Dans certains cas, des thérapies du traumatisme telles que l'EMDR, thérapie par mouvements oculaires, sont indiquées. Le problème est qu'elles se pratiquent surtout en libéral et sont onéreuses. Mais à partir d'une certaine gravité, les psychothérapies classiques ne marchent pas. Il y a urgence à agir en amont pour que les enfants cessent d'être exposés à ces violences. Et ne deviennent pas des adultes violents.

Quitte à les placer en foyer ?

Les scènes de violences conjugales sont des maltraitances faites aux enfants. Elles durent souvent dans le temps, car une femme sous emprise s'y reprend en moyenne sept fois avant de parvenir à quitter son conjoint. Au Québec, depuis 1977, la loi définit le fait d'assister à ces scènes comme un traumatisme. La France a mis très longtemps à reconnaître cela. Il m'est arrivé d'en exposer l'impact sur les enfants à des travailleurs sociaux qui accompagnent les femmes battues. Je leur ai fait part de la nécessité de soustraire l'enfant à cette violence. Eux disent, à juste titre, que si les femmes savent que leur enfant risque d'être placé, elles n'oseront plus aller voir les associations et se tairont encore davantage. Mais ils ajoutent que connaître les risques pour l'enfant les motive à aider encore plus les mères à se protéger rapidement •

Propos recueillis par Sophie Tardy-Joubert

> *À partir d'une certaine gravité, les psychothérapies classiques ne marchent pas. Il faut agir en amont.*

Triptyque *Sauve-toi, Maggie*

POUR EN SAVOIR PLUS

Un tiers de femmes victimes

En 2013, l'Organisation mondiale de la santé (OMS) enquête pour la première fois sur les violences conjugales dans le monde. Son rapport révèle que près d'un tiers des femmes en seraient victimes, et que 38 % des femmes tuées dans le monde le sont par un conjoint ou un ex-conjoint. L'OMS estime qu'il s'agit d'un problème de santé publique qui prend des proportions épidémiques et requiert une réponse urgente. Elle montre aussi que les situations varient selon les pays et les cultures. Ainsi, au Japon, 6 % des femmes se verraient infliger des violences sexuelles par un partenaire intime, contre 59 % en Éthiopie.
Ces disparités prouvent qu'il n'y a pas de fatalité et que la volonté politique peut faire changer les choses, estiment les auteurs du rapport.

« On peut travailler avec les auteurs de violence »

Alain Legrand est psychologue. Il préside la Fédération nationale des associations et des centres de prise en charge d'auteurs de violences conjugales et familiales.

6MOIS *Qui sont les hommes que vous recevez ?*
Je vois essentiellement des personnes a priori ordinaires qui, à un moment de leur vie, ont eu un ou des passages à l'acte violents. Ils sont en souffrance, ont de très fortes angoisses d'abandon et de séparation, ou une si faible estime d'eux-mêmes qu'ils ne supportent aucune critique. Ils agissent en réaction à un acte qui leur fait violence. Ces comportements peuvent cesser s'ils restaurent leur estime d'eux-mêmes ou surmontent leur angoisse d'abandon.

Qu'est-ce qu'un homme violent ?
C'est un tout autre profil psychologique. Il s'agit d'un mode systématique de rapport à l'autre, d'une jouissance à la domination de leur partenaire. Ceux-là sont du côté de la perversion. La thérapie ne fonctionne en général pas avec eux, car ils ont des systèmes psychiques très structurés. Il est impossible d'atteindre leur souffrance – à supposer qu'ils souffrent. D'ailleurs, il est rare qu'ils cherchent à venir nous voir. Pour ce type de personne, on n'a pas d'autre réponse que la sanction.

Pourquoi tenez-vous tant à cette distinction ?
On peut travailler avec les auteurs de violence. Il ne sert à rien de les stigmatiser comme le fait le gouvernement actuel. Ces campagnes sont contre-productives : elles n'atteignent pas les pervers, qui s'en fichent, et ne sont pas audibles par les auteurs de violence, qui ne supportent pas l'image qu'on leur renvoie.

« La violence conjugale est toujours à la mode », campagne d'Amnesty International.

Les hommes aussi...

En France, la formule est tristement célèbre : *« Tous les trois jours, une femme décède sous les coups de son conjoint. »* Son équivalent pour l'autre sexe ? *« Tous les 14,5 jours, un homme décède sous les coups de sa conjointe. »* Si les femmes sont les premières victimes des violences conjugales, des hommes aussi en sont la cible : au sein du couple, 7 victimes de violences physiques sur 10 et 9 victimes de violences sexuelles sur 10 sont des femmes, selon le rapport 2017 de l'Observatoire national de la délinquance et des réponses pénales (ONDRP). En creux : les hommes en subissent également. Plus tabous, ces faits sont peu étudiés. Ils sont aussi moins déclarés : quand 10 femmes sur 100 déposent plainte, seuls 3 hommes sur 100 osent le faire, selon l'ONDRP.

«Acquittez-la!»

Le 23 mars 2012, pour la première fois en France, une femme battue ayant tué son mari est acquittée. Alexandra Lange, 32 ans, comparaissait devant la cour d'assises du Nord. Extrait du réquisitoire de l'avocat général Luc Frémiot.

« Alexandra Lange, nous avions rendez-vous. C'est un rendez-vous inexorable, qui guette toutes les victimes de violences conjugales. Ce procès vous dépasse parce que derrière vous il y a toutes ces femmes qui vivent la même chose que vous. [...] Elles sont toutes sœurs, ces femmes que personne ne regarde, que personne n'écoute. Parce que, comme on l'a entendu tout au long de cette audience, lorsque la porte est fermée, on ne sait pas ce qui se passe derrière. Mais la vraie question, c'est de savoir si on a envie de savoir ce qui se passe. Si l'on a envie d'écouter le bruit des meubles que l'on renverse, des coups qui font mal, des claques qui sonnent et des enfants qui pleurent. Ici, dans les cours d'assises, on connaît bien les auteurs de violences conjugales. De leurs victimes, on a le plus souvent qu'une image, celle d'un corps de femme sur une table d'autopsie. Aujourd'hui dans cette affaire, nous sommes au pied du mur, nous allons devoir décider. [...] La question que nous devons nous poser est : de quoi êtes-vous responsable, Alexandra Lange ? Quelle serait la crédibilité, la légitimité de l'avocat de la société qui viendrait vous demander la condamnation d'une accusée, s'il oubliait que la société n'a pas su la protéger ? Alors je vais parler de légitime défense. Est-ce qu'au moment des faits Alexandra Lange a pu penser qu'elle était en danger de mort ? Est-ce qu'en fonction de tout ce qu'elle a vécu, subi, elle a pu imaginer que, ce soir-là, Marcelino allait la tuer ? Mais bien sûr ! Cela fait des années que ça dure. Alexandra a toujours été seule. Aujourd'hui, je ne veux pas la laisser seule. C'est l'avocat de la société qui vous le dit : vous n'avez rien à faire dans une cour d'assises, madame. Acquittez-la ! »

À VOIR À LIRE

Scènes de la vie conjugale
d'Ingmar Bergman (1973)
Dans ce film culte, le cinéaste suédois révèle la violence d'un couple a priori sans histoire.

Impardonnable
de Nicolas Doretti (2015)
Un court-métrage inspiré de lettres de conjoints violents demandant pardon. Disponible sur Internet.

Inès
de Loïc Dauvillier et Jérôme d'Aviau (éd. Drugstore, 2009)
Ce roman graphique montre avec pudeur le quotidien d'une femme dominée.

Darling
de Jean Teulé
(éd. Julliard, 1998)
L'histoire vraie de la cousine de l'auteur, fermière en Normandie et personnage haut en couleur. Un récit noir, narré avec beaucoup d'humour.

DANS LES COULISSES

Lorsqu'elle voit Shane et Maggie dans une fête foraine, Sara Naomi Lewkowicz est aimantée par ce grand mec bardé de tatouages qui tient une petite fille blonde dans ses bras. « *Le contraste était saisissant* », se rappelle-t-elle. La photographe l'approche, passe la soirée avec le couple et les deux enfants, prend quelques clichés. Elle les revoit, devient amie avec Maggie. La dispute la rattrape : *« Je n'avais pas du tout imaginé travailler sur les violences conjugales. »* Ses photos de la scène en question ont fait couler de l'encre. Après avoir donné son téléphone à un colocataire pour qu'il appelle la police, Sara se réfugie derrière son objectif. *« Ça a été un réflexe. On me l'a reproché, mais de toute manière, je ne pouvais pas m'interposer. »* Les photos n'arrêtent pas la violence de Shane. *« Je crois qu'il ne réalisait pas à quel point c'était choquant. Pour lui, sa réaction était de l'ordre de l'acceptable. »* Cette histoire, qui a boosté sa carrière, l'a aussi sensibilisée au sort des femmes victimes de violences. *« L'autre jour, dans la rue, j'ai vu un homme pousser une femme et entraver ses mouvements avec une certaine violence. Je suis intervenue. Avant, j'aurais continué mon chemin. »*

Triptyque *Sauve-toi, Maggie*

ENTRETIEN

Jean Gaumy

À BONNE DISTANCE

Quand il photographie, Jean Gaumy est là, mais pas trop près, pour ne pas perdre en justesse. Il observe, à l'affût, et en toute subjectivité.
Propos recueillis par Régis Defurnaux

*C'est un photographe
qui interviewe un autre
photographe. Régis
Defurnaux enseignait la
philosophie des sciences
et l'anthropologie médicale
en Belgique avant de
s'orienter, à la quarantaine,
vers la photographie
documentaire. Et, pour
apprendre autrement
qu'à l'université sans
oublier son bagage
intellectuel, il se tourne vers
Jean Gaumy. Il lui écrit,
lui dit aimer sa démarche,
ses films, son approche
plastique, et demande
à le rencontrer pour écrire
une série d'entretiens.
Les deux hommes se voient
pendant un an et demi,
à Fécamp, en Normandie
et à Bruxelles. Avant de
parler métier, ils prennent
le temps de se connaître.
« Ce qui m'intéressait,
raconte Régis Defurnaux,
ce n'était pas que Jean
Gaumy fasse partie
de l'agence Magnum,
mais qu'il soit un
photographe du doute. »*

6MOIS Quelles sont les premières images dont vous vous souvenez ?
J'ai le sentiment d'avoir grandi entre le XIXe et le XXe siècle. Mes grands-parents avaient réalisé de nombreuses photos de famille dans un style début 1900 : très mises en scène – genre Juliette à la fenêtre et Roméo en dessous avec une guitare. Ces images m'intéressaient, elles étaient les témoins épinglés de notre histoire. D'où vient-on ? Quelle est notre place dans cette généalogie, dans la société ? Quand je retourne à ces albums, je les regarde chaque fois différemment. Je m'y réfère. Mais, finalement, je sais peu de ces moments, juste une mythologie transmise de génération en génération. À présent, je fais ma part, je photographie beaucoup ma famille : mon épouse Michelle, ma fille Marie, ses enfants...

Comment avez-vous découvert la photo ?
À la fin des années 1950. J'avais 10 ou 11 ans, nous habitions Toulouse. Le marchand de la place du Salin m'a prêté un appareil Brownie Flash et a développé gratuitement mes premiers films. Je photographiais des chiens policiers en exercice au Salon des arts ménagers, près de la Garonne. Je découvrais l'objet, je découvrais mes images. Mais pour le jeune garçon que j'étais, les sons avaient autant d'importance que les images. Les émissions radiophoniques alimentaient mon imaginaire. J'écoutais le *Théâtre de l'étrange* ou les enquêtes de Sherlock Holmes. Du coup, j'ambitionnais de créer mes propres histoires. J'en ai écrit quelques-unes. À 15 ans, j'empruntais l'enregistreur Grundig TK27 de mon père. C'était déjà un moyen de m'approcher du monde, comme le sera plus tard la photographie.

Ces sons étaient-ils les seuls à nourrir votre imaginaire ?
À l'époque, oui. Je lisais beaucoup, aussi. Et cette matière littéraire était comme une caisse de résonance pour les sons que je captais. Dans mes lectures, il y avait la science-fiction. C'était peu fréquent pour un gosse de 10 ans de lire, en plus de l'incontournable Jules Verne, des auteurs comme Jimmy Guieu, Richard Bessière, Alfred van Vogt, Clifford Simak, Isaac Asimov... Tout ça se mélangeait à la végétation sauvage, aux flaques d'eau sous les bâtiments de béton, aux toits éventrés du parc de la Poudrerie nationale de Toulouse. Il y avait déjà les éléments visuels des films de Tarkovski. Cela s'installait dans mon regard.

À quel moment la photographie vous attrape-t-elle ?
Elle s'immisce doucement en moi pendant une traversée de l'Angleterre en mobylette, à 17 ans. J'enregistrais mes pérégrinations sur pellicule avec la même pulsion que pour le son : arrêter le temps, en conserver la trace. Plus tard, j'ai vendu ma Mobymatic années 1960, bleue avec un phare rectangulaire, pour acheter un appareil russe Zenit 24x36. À 19 ans, j'éprouvais cette rage des timides à se dépasser. Étudiant en fac de lettres, je travaillais comme photographe pigiste pour *Paris Normandie*, le journal de Rouen. Une formation artisanale, avec des photographes que je respectais. Nous devions faire tous les jours cinq ou six clichés. Et trouver

LE CHOIX DE JEAN GAUMY

Octeville-sur-Mer, Normandie, 1995
« C'est l'épave d'un bateau en béton, près de chez moi, au bas des falaises. Dans la tempête, on aurait dit une ruine, un monstre. Pour faire cette photo, je me suis avancé dans l'eau jusqu'à la poitrine. La mer attire, bien sûr. Ce qu'elle cache, ce qu'elle crache. À chaque vague, un signe différent. »

Entretien – Jean Gaumy

quelque chose de plus, même pour des images aussi convenues que celles de noces d'or. Ça payait mes études et je savais d'instinct que j'allais faire ma vie avec la photographie. Je montais aussi des projets plus longs et inédits. Autour de moi ou à la fac, personne ne photographiait comme ça. Je me suis alors rapproché de l'agence Viva, avec Claude Raimond-Dityvon et Guy Le Querrec. C'était un moment intense, fulgurant. Je pressentais que j'allais parvenir à quelque chose, c'était une évidence.

Et tout s'est écrit alors ?
Raymond Depardon, l'un des fondateurs de Gamma, a découvert mon travail – il n'était pas alors aussi connu qu'aujourd'hui. Je suis entré à l'agence en 1973, avec l'impression d'intégrer une écurie de Formule 1. Ça a été un choc, il fallait plonger. Plus tard, lors d'une présentation au festival d'Arles, j'ai été repéré par Marc Riboud, Bruno Barbey et René Burri, et Magnum m'a accueilli en 1977. Avec le recul, je pense que c'était peut-être un peu tôt : j'avais à peine 29 ans et probablement pas assez d'expérience. Mais c'était là et maintenant. À Magnum, on devait être efficaces, et surtout autonomes. Le collectif choisissait les nouveaux membres en fonction de leur potentiel visuel, de leur manière de cadrer, mais aussi de leur détermination et de leur ténacité à poursuivre leurs projets personnels. Il fallait savoir ce qu'on voulait et le réaliser… et en même temps garder un œil sur tout ce qui se passait.

Être jeune photographe à Magnum dans les années 1970-1980, c'était une vie de rêve ?

> « *Magnum, c'est un peu les branquignols associés. Mais c'est aussi un groupe d'une intelligence collective qui m'épate encore.* »

C'est le cliché, la réalité était autre. À l'étranger, je dormais dans des hôtels sans confort, aux antipodes du mythe du grand reporter. Il fallait tenir, j'étais mal. Je n'avais pas beaucoup d'argent, je stressais des nuits entières. Et le matin j'allais sur le terrain. Parfois, il y avait de belles rencontres, des photos fortes, ça me relançait. Durant cette période, mon épouse, Michelle, a été gravement malade. J'ai dû tenir et continuer à produire. Je me sentais assez fort à l'image, je savais d'instinct comment approcher et tourner autour d'une situation, l'anticiper presque. J'ai traversé une énorme turbulence photographique mais, heureusement, j'avais la confiance de quelques-uns de mes confrères.

Comment résister à ce tourbillon ?
Il ne faut pas lâcher le terrain, l'essentiel est de rester déterminé. Je n'étais pas un super marathonien, mais j'ai toujours eu à cœur de finir les courses engagées et, comme les autres, j'ai été forcé de trouver le souffle. J'ai abattu projet sur projet à mon rythme. Je compensais comme je pouvais en restant au clair avec mes limites. J'ai assez vite compris que je n'étais pas vraiment journaliste : je détecte des situations, je les analyse intuitivement, mais je n'ai pas le tour d'esprit d'un journaliste. L'important, c'est de savoir qui on est, où on en est. Être lucide, ne pas se mentir. De toute façon, il faut s'attendre à de sérieux moments de doute. J'ai vu de très grands photographes se remettre en question dans la solitude de leur chambre d'hôtel. La ténacité, l'entêtement, s'accrocher au terrain, se laisser traverser par ses exigences, ne pas revenir indemne, « semblable » : tout est là pour moi.

L'agence Magnum a fêté ses 70 ans l'an dernier, une incroyable permanence dans un monde médiatique bouleversé…
Magnum, c'est un peu les branquignols associés, mais c'est aussi un groupe d'une intelligence collective qui m'épate encore. Pour moi, cette agence est une sorte de sous-marin : autonome, silencieux, plutôt discret et résistant à la pression. Il y a le mythe, bien sûr, que nous ont transmis les fondateurs, mais nous sommes plutôt lucides sur nos faiblesses collectives et individuelles. Nous savons par exemple que notre regard est historiquement occidental et nous cherchons à nous ouvrir à d'autres points de vue. Nous savons aussi que

Chalutier Koros, mer d'Irlande, 1984
« Le chalut relevé, les oiseaux se sont énervés, et le cirque a commencé. Plus de quartier, tous les coups étaient permis. Cette violence dans la nuit glaciale, au milieu des embruns et du vent, avait quelque chose d'incroyablement cruel. »

Entretien – Jean Gaumy

rien n'est jamais joué d'avance, et c'est tant mieux! Je voudrais changer de culture visuelle... Pas facile. Je rêve parfois de percevoir autrement, d'être surpris.

La photographie suscite un engouement planétaire. Comment faire face au tsunami d'images produites quotidiennement?
Cette vague nous surprend, je crois qu'il nous manque des antibrouillards. Si je pousse la métaphore, nous avons besoin d'un solide pare-brise pour résister à la mondialisation et à ses conséquences: la démesure, l'aplanissement de tout. L'image est aujourd'hui instrumentalisée par la consommation, ce nouveau dieu dont nous sommes les enfants de chœur. L'enjeu de la lecture des images est essentiel. Pour maintenir un certain bon sens et de la lucidité, il faut un rétroviseur: garder à l'œil notre histoire – la grande et la petite. Que nous prépare le passé?

« Si on montre par l'attitude corporelle l'intérêt qu'on porte aux gens, ils répondent presque au doigt et à l'œil. »

Chaque reportage est comme une forêt d'indices dont nous rapportons seulement quelques brindilles. Comment savoir si on a « bien » vu?
C'est pour cette raison que je pense que l'objectivité n'existe pas. Documenter le réel, ce n'est pas montrer le réel, on ne peut jamais atteindre le réel, il nous dépasse. On ne peut que le « documenter ». Ce ne sont pas les yeux qui voient, mais la sensibilité – le cœur, diront d'autres. Nous sommes pris dans une totale subjectivité, et c'est tant mieux. Ce qui compte c'est de faire passer le monde par soi, en dire quelque chose depuis soi, avoir un point de vue, l'assumer et être un photographe honnête, sincère.

En lisant votre livre « Pleine Mer », j'ai eu l'impression d'avoir senti le sel de la vie des marins. Comment on vit ça sur le terrain?
Ma distance pour photographier les gens se situe souvent entre 3 et 5 mètres, parfois moins. J'ai l'impression d'être au milieu d'eux, et en même temps je n'y suis pas vraiment. La contradiction est là. J'observe. Mon comportement mental et corporel me place naturellement en retrait. Cette attitude est propre aux photographes. J'ai une expression: « *Tout seul ensemble.* » Elle vient d'un mot que j'aime beaucoup de Robert Charlebois, la « solidarité », une contraction de solidarité et solitude. La « solidarité » est au cœur de mon travail. Et peut-être aussi de nos existences. Un jour, j'étais dans un refuge avec des amis montagnards occitans et l'un d'eux, un conducteur de chasse-neige, m'a dit: « *C'est bizarre, Jean, tu es avec nous, mais en même temps, tu es comme double, on te sent loin.* » C'est un peu ça la malédiction de la photographie.

La pêche, à laquelle vous vous êtes initié à 9 ans, vous a presque appris l'acte photographique: concentrer son champ de vision, isoler un acteur dans son environnement, approcher avec le corps, s'immerger, saisir. Et si c'était une simple envie d'humanité?
Oui, peut-être, mais si on s'approche trop des gens, on perd en justesse. Être avec les autres, c'est une question de distance à trouver. Il y a un côté animal, c'est un état d'affût, la relation surgit de partout. Nous sommes un peu comme les chats, entre l'instantanéité et la contemplation.

Quelle place occupe l'empathie dans votre travail?
Elle est parfois trop présente. Mon contrat avec l'autre est silencieux, mon attitude et mon corps racontent. J'ai fait récemment des photos au pied des falaises de Fécamp, un endroit isolé. Dans ces moments, on est seul, livré à soi-même. Rien ne compte que l'aspect contemplatif et la prise de vue. À quelques centaines de mètres, un promeneur est apparu. Mon comportement a changé, je me suis mis dans une autre disposition d'esprit, un début d'empathie. Eh bien c'est cela qu'il faut gérer. Ça me fait penser au dernier Martien du livre de Ray Bradbury *Chroniques martiennes*: il devient fou à force d'être sollicité par les attentes des autres. Moi, dans les falaises, je cherchais à être seul.

Comment traduisez-vous cette empathie avec le corps?
Dans un « à bras-le-corps » avec le réel. Dans ma façon de faire, il y a

Hôpital du Havre, 1975

« J'ai découvert tant de choses essentielles lors de cet essai photographique dans les services d'un hôpital. Ça a duré presque deux ans. J'avais 27 ans. Ici, dans une grande salle commune, les femmes vivaient ensemble jour et nuit. Désarroi, solitude, vieillesse. Dans cette ambiance, la figure de la Vierge était si ambiguë... J'ai fait cette photo d'instinct, chargé des sentiments qui m'habitaient. Refus, déni, révolte. »

Entretien – Jean Gaumy

le jeu de jambes et la théâtralisation de l'acte. Si on montre par l'attitude corporelle l'intérêt qu'on porte aux gens, ils répondent presque au doigt et à l'œil. Guy Le Querrec en parle dans son livre *Lobi*. C'est ce qu'on appelle en tauromachie *el dominio*. Comme pour le cinéma documentaire, la réussite d'une photo peut tenir autant du photographe que de la personne photographiée. Il y a de l'intelligence partagée dans l'acte photographique. C'est souvent un échange très rapide et très subtil.

Le photographe est un comédien ?
C'est évident, on joue. J'essaye d'intégrer mes mouvements aux situations, j'improvise, je manifeste un intérêt pour l'autre. Le tout est de savoir et de contrôler comment il va me percevoir. C'est une question d'interprétation, de dosage. Et là, être acteur, c'est important. En Iran, je faisais rire les gens. C'était inattendu, et c'était ça que j'aimais avec eux : ce côté joyeux, un peu potache et adolescent. Tout tient dans la relation. Ce n'est que ça, témoigner d'une présence. Et ne pas enfoncer les gens en les réduisant à un spectacle.

Le corps du photographe anticipe les événements...
On peut aller plus loin encore. La spontanéité du corps est capitale. On détecte la situation, on devance la forme par un précadrage. Quand j'ai photographié à Tchernobyl, j'y suis retourné deux fois, pour des séjours de trois à quatre semaines. Il m'a fallu du temps pour ressentir les contradictions d'un lieu pareil.

La prise de vue est une danse ?
C'est une attitude. Parfois on déclenche pour se motiver. On cadre, on cadre sans cesse. Même sans viseur. La séquence d'approche est capitale. Sur une planche-contact, on peut voir le déplacement, les intentions du photographe. C'est une trace de prédation. On distingue le cadre qui se resserre, qui se cale. On se construit des représentations du monde. Comme on dit *« On fait ce qu'on peut »*, on pourrait très bien dire *« On voit ce qu'on peut »*.

Les avancées technologiques dans la photo se succèdent. Comment vivez-vous ce déferlement ?
La « technolâtrie » de certains dissimule – assez mal d'ailleurs – un manque de sensibilité. Si on veut réduire le métier à la seule technique, à la soupe aux pixels ou à la postproduction, on fait fausse route. Face aux technologies, je reste un gamin. C'est ludique, j'y prends ce qui m'intéresse – la possibilité de retrouver des ambiances de mes films d'enfance –, mais le patron, c'est moi.

> *« Face aux technologies, je reste un gamin. C'est ludique, j'y prends ce qui m'intéresse, mais le patron, c'est moi. »*

Vous utilisez votre smartphone ?
Oui. Au début, je le faisais pour des photos de repérage. Et la greffe a pris. Les images faites au smartphone me stimulent et me bousculent. Mais je veux rester prudent : il est si facile de bluffer les autres à bon compte et de se mentir à soi-même. Quand j'ai embrayé dans le numérique, je me suis discipliné. Avec le smartphone, je m'en tiens au noir et blanc et à une seule formule de filtre. Je refuse les propositions aléatoires de la machine, je veux utiliser cette technologie à dose modérée. C'est important de garder son œil libre.

Vous avez réalisé de nombreux films documentaires...
J'ai effectivement un double ancrage. D'une part, les films de la fin des années 1950, la science-fiction en noir et blanc, les péplums, le début du CinémaScope, les westerns, les films de sous-marins... Puis, quand j'avais 8 ou 9 ans, *Nanouk l'esquimau* et *L'Homme d'Aran* de Robert Flaherty, ainsi que l'extraordinaire *Napoléon* d'Abel Gance. Quel film ! Je les visionnais comme cela se faisait à l'époque, sur un vieux projecteur, sous forme de photographies extraites du film, entre lesquelles s'intercalaient de petits textes. C'était un Pathé Webo, le Cocorico de 1924, le même qui avait influencé le cinéaste Chris Marker. C'est grâce à cette vieille machine que s'est ébauché mon langage photo.

Nous sommes souvent amenés à réaliser des montages vidéo avec nos images, ou à filmer. Comment envisagez-vous le couple cinéma-photographie ?

Nord-est du Groenland, 2016
« Une serre un peu disloquée avait été installée par les pionniers de la base scientifique de Daneborg. À la fonte des neiges, c'était encore un semblant de jardin, de fleurs, entouré par le chaos glacé. Une histoire de refuge, de cocon qui se défait. »

Entretien – Jean Gaumy

Ces deux mondes sont complémentaires. Parlons de passage de l'un à l'autre, de complémentarités passagères. Entre filmer et photographier, il existe la même relation tendue qu'entre le noir et blanc et la couleur. Quand j'ai commencé le cinéma, dans les années 1980, je faisais des rêves récurrents de photos qui s'animaient en boucle pendant quelques secondes. Plus tard, alors que je me trouvais au musée Arsène Lupin d'Étretat, j'ai vu s'animer tout à coup une photo du XIXe fixée dans un petit cadre d'époque. C'était le début des images virtuelles dans la muséographie, ce fut un choc, je vivais la concrétisation de ces rêves étranges… J'aime l'entre-deux dessiné par l'image fixe et l'image qui bouge, cette ambiguïté me convient. La maquette et la matière de mon livre *Pleine Mer* s'inspirent de la matière et de la forme du film *L'Homme d'Aran*, ce noir et blanc unique des émulsions des années 1930. Avec l'éditeur Xavier Barral, nous sommes allés jusqu'à laisser l'amorce de la photo voisine, comme si c'était de la pellicule de cinéma.

Comment déjouez-vous le piège de la carte postale ?

En usant d'un paradoxe : il faut à la fois larguer ses bagages et en tenir compte. Je réalise actuellement un travail sur le phare de Cordouan, en Gironde. Je me bats avec les images de tempête : Victor Hugo, Rachilde, Gustave Doré, la mythologie populaire des phares et de leurs gardiens solitaires, les émissions de « Thalassa »… Ce projet est un des plus durs auquel je suis confronté depuis que je fais de la photographie. On ne peut pas se couper de son passé, de son histoire, de ses références, de tout ce qui nous constitue. Il y a très peu de nostalgie là-dedans ; il s'agit d'être à la fois attentif à nos racines et très curieux des métamorphoses à venir.

La photographie est-elle un langage universel ?

Quand j'étais en troisième, je soulignais devant la classe que la couleur, le bleu par exemple, n'est probablement pas perçue de la même manière par chacun. Rigolade générale. C'était une intuition naïve, et pourtant ! Nous disposons de cinq sens. Ils ne sont pas étalonnés à l'identique. Notre équipement est plutôt réduit face au réel. Du coup, l'appareil photographique est une sorte de point d'appui, un témoin à qui on demande : « *Tiens, et toi, que donnes-tu à voir ? Que nous proposes-tu ?* » Parfois, je vois fugitivement des choses que je suis incapable d'interpréter, et j'aime ça. Ça ne dure heureusement pas très longtemps, ce serait effrayant sinon. En reportage comme en photographie dite « artistique », on va souvent de signe aveugle en signe aveugle.

Vous n'aimez pas qu'on vous range parmi les artistes, je vous entends souvent utiliser le mot « auteur ».

Artiste ? Ce mot est si fatigué. Tout le monde aujourd'hui se prétend artiste, il faut croire que tout se vaut. Je suis photographe, c'est déjà pas si mal, non ? Votre question me fait penser à celle qui revient régulièrement à Paris, quand je montre les différents aspects de mes travaux : « *Mais enfin, vous êtes artiste ou photographe ?* » C'est terrible ce besoin d'étiqueter. Quand j'étais considéré comme photojournaliste, un musée a écarté mes images maritimes pour une exposition collective sur le thème de la vague. Pour eux, c'était clair : je ne pouvais pas être un artiste.

En parlant avec vous de photographie, du métier, de nos histoires, j'ai eu l'impression d'être pris dans des alternances.

Oui, c'est un peu ça. Le style ombre et lumière, le clair-obscur, le mode futur antérieur, la science-fiction : ces contrastes m'attirent. Les contradictions me fascinent.

La vie de Jean Gaumy, demain, ce sera quoi ?

J'ai encore envie de saisir le réel. Demain ? Ce sera très probablement un ou deux autres films, sans doute aussi des photographies de paysage. J'ai envie d'essayer d'accrocher visuellement le bouillonnement de la nature. Et revenir vers les gens aussi. Traîner, marcher, être dans le silence, vivre et photographier l'âpreté poétique du monde •

> « *L'appareil photographique est un témoin à qui on demande : "Tiens, et toi, que donnes-tu à voir ? Que nous proposes-tu ?"* »

Grise Fiord, terre d'Ellesmere, archipel arctique canadien, 2012
« Dans le blizzard, l'imaginaire trouve ses références. Des fantasmes d'aventures polaires, de découvreurs du XIXe siècle, une ancienne peinture américaine de paysages qui m'a sans doute imprégné. Je ne sais pas. »

Entretien – Jean Gaumy

Votre chien est mort ? En Corée du Sud, la clinique Sooam Biotech propose de le cloner pour la modique somme de 100 000 dollars. **Alberto Giuliani** a passé trois jours dans ses laboratoires.

COPIÉ-CLONÉ

Votre chien est mort ? En Corée du Sud, la clinique Sooam Biotech propose de le cloner pour la modique somme de 100 000 dollars. **Alberto Giuliani** *a passé trois jours dans ses laboratoires.*

COPIÉ-CLONÉ

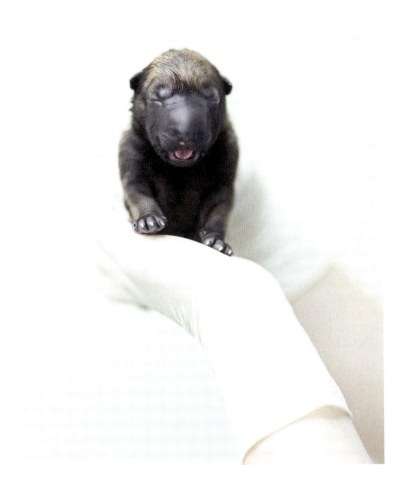

«Ces Jack Russel ont été clonés il y a quelques semaines à la clinique Sooam Biotech. Une opération quasi banale pour ce leader mondial du clonage commercial de chiens. Depuis 2006, une centaine sont dupliqués par an.»

« Les clients de la clinique sont principalement des personnes riches dévastées par la perte de leur chien. Après la mort de l'animal, ils ont cinq jours pour envoyer au laboratoire un morceau de sa peau contenant de l'ADN. La demande est forte, il y a un an d'attente. »

Copié-cloné

« Les tissus du chien mort sont stérilisés et conservés dans de l'azote liquide à environ – 200 °C. Ils sont ensuite mis en culture à 38,5 °C pendant deux semaines pour que les cellules se multiplient. »

« C'est jeudi, les biologistes collectent des ovocytes de truies. Elles sont livrées chaque semaine par des bouchers de Séoul et destinées aux expériences, car Sooam Biotech espère cloner d'autres animaux que les chiens. »

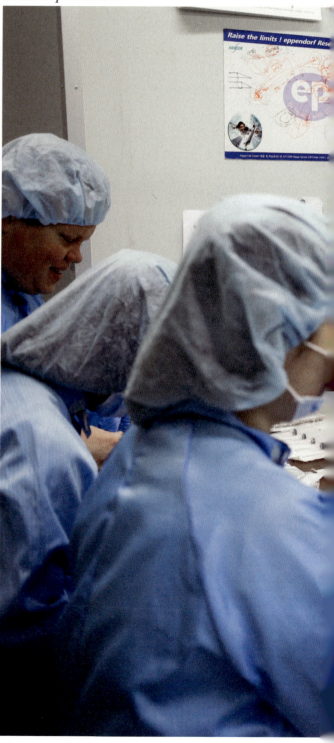

Copié-cloné

« *La clinique s'est lancé un défi jugé irréalisable : redonner vie à une espèce éteinte, le mammouth laineux. Des chercheurs coréens se rendent régulièrement en Sibérie pour récupérer des restes de l'animal congelés dans le sol.* »

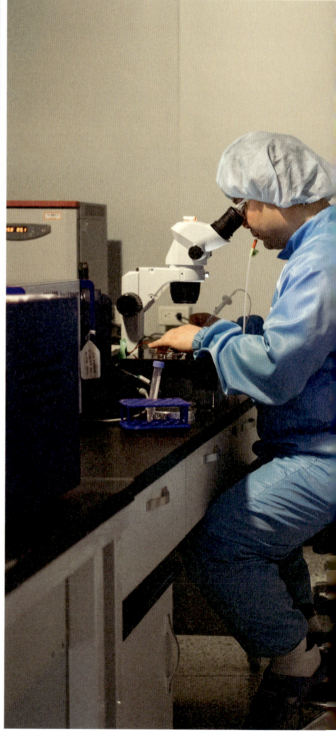

« C'est l'étape clef du clonage : les scientifiques injectent le noyau d'une cellule de l'animal mort dans des ovocytes énucléés (sans noyau). Puis une décharge électrique lance le développement embryonnaire. L'opération se déroule dans une chambre noire pour ne pas abîmer l'ADN. »

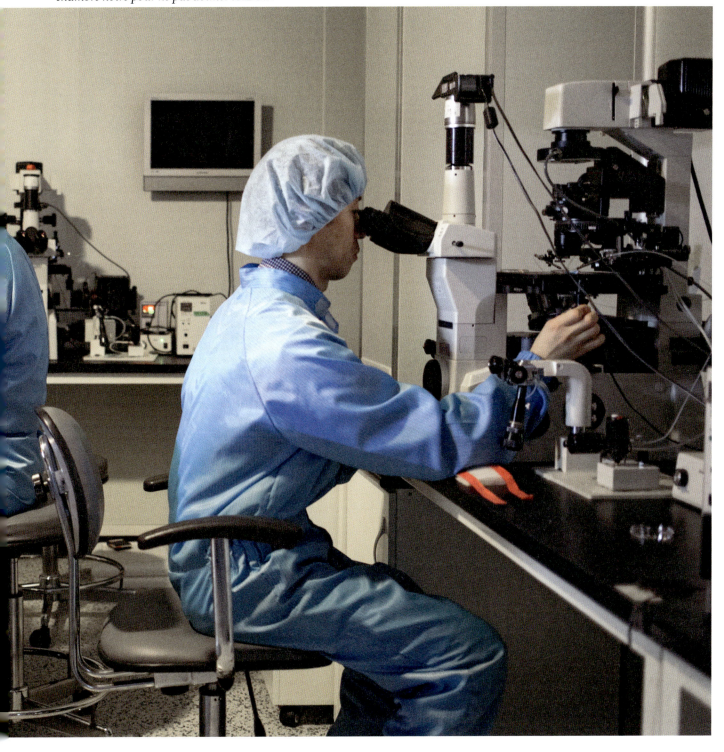

Copié-cloné

« Les chirurgiens implantent les embryons dans l'utérus de la mère porteuse. Il en faut une quinzaine pour obtenir au moins un chiot : le taux de réussite de l'insémination est faible, les fausses couches sont fréquentes, et il y a 10 % de morts à la naissance. Le médecin chef commente l'opération à haute voix. Les clients peuvent y assister derrière une vitre. L'intervention dure cinq minutes. »

« Les mères porteuses passent une grande partie de leur temps dans ces box. Elles sont choisies en fonction de leur taille et de leur résistance. Il faut qu'elles soient assez robustes pour porter toutes les races de chiots. Les petits viennent téter puis repartent. »

Copié-cloné

«L'équipe est composée de chirurgiens, de vétérinaires et de biologistes cellulaires. Elle est dirigée par Hwang Woo-suk (au bout de la table d'opération), le fondateur de la clinique.»

«Soixante jours après l'insémination, le chiot naît par césarienne. Ici, c'est un clone de Trakr, un célèbre berger allemand utilisé par les sauveteurs le 11 septembre 2001 pour retrouver les victimes. Le gouvernement américain en a commandé 150 copies.»

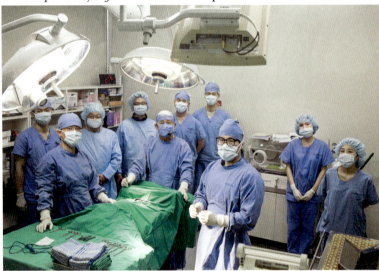

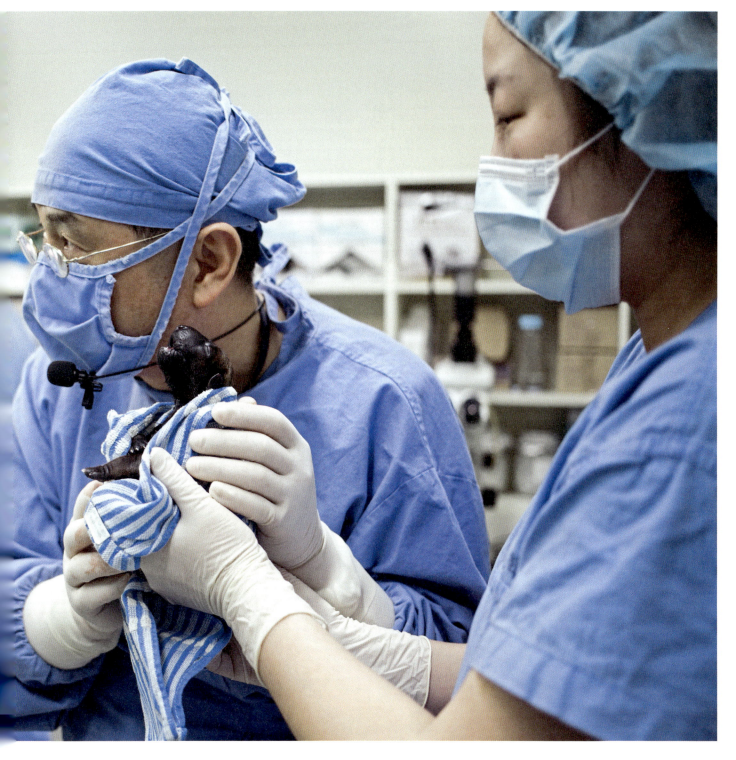

Copié-cloné

« Après leur naissance, les chiots restent deux mois à la clinique. Ils sont placés en quarantaine, pesés, mesurés, tatoués, vaccinés et passent les examens sanitaires exigés par leur pays d'adoption. »

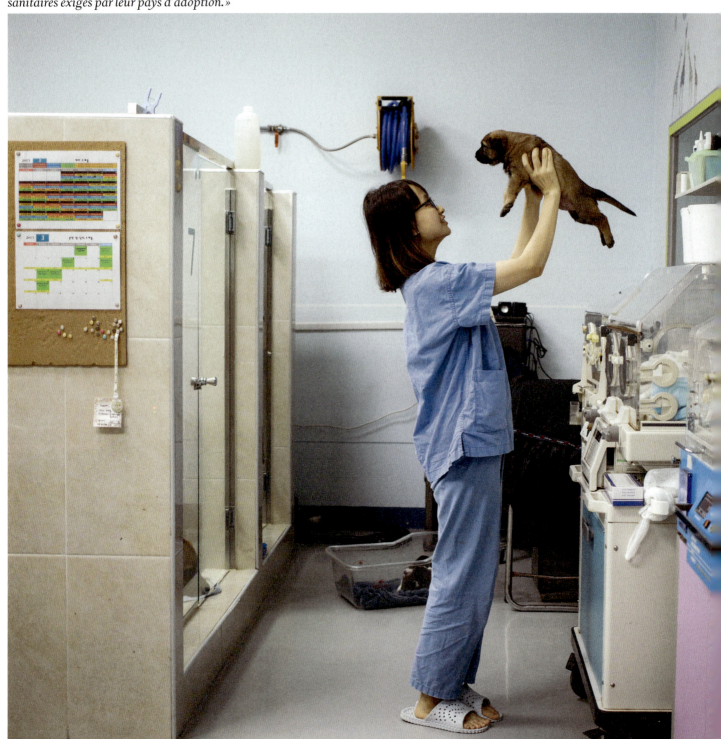

«Ceux-ci ont 2 mois et sont de la même portée. Ils s'apprêtent à partir pour les États-Unis avec leur maître. Ce n'est pas toujours le cas. Quand plusieurs clones naissent, le client peut n'en acquérir qu'un, les autres sont adoptés. Les associations de protection des animaux coréennes accusent régulièrement la clinique de "jouer avec des êtres vivants". »

Copié-cloné

« Ces bergers allemands clonés sont entraînés à détecter des explosifs dans un camp militaire, à 100 kilomètres de Séoul. Dans quelques semaines, ils patrouilleront dans les aéroports avec les services antiterroristes. »

« La Corée du Sud commande à la clinique des chiens à l'odorat exceptionnel. Ils rejoignent les secours, la police ou l'armée. Les gouvernements américain, chinois et allemand font de même. »

Copié-cloné

ÉCLAIRAGE

CLONEUR FRAUDEUR

Hwang Woo-suk a fondé et dirige la clinique Sooam Biotech, entreprise championne de la communication. En 2005, le manque d'éthique de ce vétérinaire lui a valu une condamnation.

Dans ce métier, il y a des articles plus faciles à écrire que d'autres. Les portraits en font partie. Vous papotez deux heures avec un type autour d'une bière, puis vous interrogez des gens qui le connaissent. Mais pas là. Hwang Woo-suk *« ne parle pas aux journalistes »*. Et personne, en Corée du Sud, n'a souhaité répondre à nos questions. Ah si : la clinique qu'il dirige, et sa responsable de la communication…
« Vous faites une enquête sur notre institut ? On vous envoie toutes les infos ! » Le document indique que Sooam Biotech, *« société de clonage de chiens »*, est capable de *« redonner vie à votre animal de compagnie »*, *« grâce à un savoir-faire unique et beaucoup d'expérience »* : plus de 100 sont dupliqués chaque année, 1 000 depuis 2006. Une entreprise championne de la communication. *« Vous êtes à Séoul ? La naissance d'un berger allemand par césarienne mardi soir, ça vous intéresse ? »* Le directeur, M. Hwang, est *« un grand savant qui voue sa vie à la médecine et à la recherche thérapeutique »*. Il est très sérieux, la preuve, l'État coréen finance en grande partie sa fondation. Sa bio est en pièce jointe : des diplômes, des succès, des médailles. Rien sur ses mensonges, ses fraudes, ses échecs. Depuis 2005, Hwang Woo-suk reconstruit son image.
Le monde découvre son teint hâlé l'année précédente. Le scientifique de 51 ans annonce alors avoir produit des cellules souches à partir d'embryons clonés. Une première. Les cellules souches sont les cellules mères de tous les organes du corps. Si on peut en fabriquer, on peut soigner les maladies dégénératives – Parkinson et Alzheimer, entre autres. La Corée du Sud s'emballe. Le pays croit tenir son prix Nobel et met le paquet, notamment en lançant le premier centre mondial de recherche sur le clonage. Quelques mois plus tard, Hwang convoque les médias. Cette fois, il tient dans ses bras un lévrier afghan, tout beau tout neuf, âgé de quelques mois, le poil soyeux, très long, noir et blanc, une santé de fer. Snuppy est le premier chien cloné.

Porté aux nues, le scientifique devient un héros national. La Corée du Sud lui décerne le titre de *« scientifique suprême »* et imprime des timbres à son nom. Le magazine américain *Time* l'intègre dans son classement des personnages les plus influents de 2004. Sauf que.

Sauf que, dans la communauté scientifique, on commence à douter. Ça fait quand même beaucoup d'un coup, toutes ces avancées. Des rumeurs circulent : l'éthique, Hwang s'en contreficherait. Les journalistes enquêtent sur ses méthodes, interrogent ses collaborateurs. Des erreurs sont repérées dans ses articles. L'université de Séoul ouvre une enquête… conclue au bout de quelques jours : Hwang a falsifié ses résultats, rien n'était vrai, ou presque. Seul Snuppy, le chien, est certifié. Déchu de ses titres universitaires et scientifiques, condamné à de la prison pour détournement de fonds, il avoue. *« J'étais aveuglé par mon désir de réussir. Mon cœur a tellement mal que j'ai honte d'être là devant*

vous », confesse-t-il face aux caméras, lors d'une conférence de presse surréaliste. Dans la salle, ses fidèles pleurent, sanglotent, crient, comme s'ils avaient perdu un parent.
Le mythe plaisait. Hwang représentait « *le Coréen moyen* », dit la presse du pays. Un gars banal, fils de paysans pauvres, né en 1953 dans un pays meurtri par la guerre (2 millions de morts). Ses parents élèvent des vaches dans un territoire perdu entre les montagnes et la mer Jaune. Les offices de tourisme locaux ont beau vanter la beauté de ses temples, Buyeo est une région dure, laminée par l'exode rural. Son père meurt quand il a 5 ans. Le môme voit sa mère trimer, se lever tôt et revenir tard, quand il fait noir. De cette enfance naît une vocation, raconte-t-il à la revue *Nature* : il sera vétérinaire.
Il décroche son diplôme à l'université de Séoul et se spécialise dans la reproduction animale. En 1999, il clone une vache. En 2002, un cochon. Puis il annonce être capable de produire des vaches résistantes à la maladie de la vache folle, sans que l'on sache aujourd'hui si tout cela est vrai. Très vite, les animaux ne lui suffisent plus, il voit plus loin, veut révolutionner le clonage thérapeutique et rêve d'inscrire son nom dans les manuels scolaires, aux côtés de Darwin, Pasteur, Curie ou Fleming. La Corée du Sud lui alloue des millions de dollars. Tout s'emballe jusqu'au scandale de 2005.

Aujourd'hui encore, il est difficile de parler de Hwang Woo-suk. Pas un scientifique coréen n'a souhaité nous répondre. « *Critiquer ce vétérinaire d'origine modeste, c'est être contre la Corée, la patrie, la méritocratie. Car le pays est obsédé par le fait d'acquérir une reconnaissance sur le plan international* », analyse Pascal Dayez-Burgeon, spécialiste de la péninsule, chercheur au CNRS et ancien diplomate à Séoul.
La Corée du Sud est l'un des pays qui investit le plus dans la recherche scientifique en proportion de son PIB. Hwang est revenu sur le devant de la scène très rapidement, dès 2006, grâce à sa société de clonage de chiens. À 100 000 dollars l'opération, l'activité est florissante. Certains pensent qu'il s'est assagi. Depuis 2005, il a publié une quarantaine d'articles sur le clonage animal dans de grandes revues scientifiques. Plusieurs gouvernements lui passent régulièrement des commandes de chiens renifleurs.
« *Hwang a la folie des grandeurs des scientifiques attirés par la gloire, il continuera* », tranche l'un de ses anciens collaborateurs. Peut-être. Récemment, le vétérinaire et son équipe se sont lancé un nouveau défi : repeupler des espèces menacées, ou carrément éteintes. Le mammouth laineux disparu il y a 4 000 ans, par exemple. Des restes congelés de l'animal sont retrouvés en Sibérie, il n'y aurait plus qu'à inséminer un morceau d'ADN viable dans un ovocyte d'éléphante, assurent-ils. Irréaliste, jugent bon nombre de scientifiques. D'après la documentation envoyée par Sooam Biotech, le premier clone de mammouth devrait naître d'ici à 2020 •

Thibault Petit

« Vous êtes à Séoul ? La naissance d'un berger allemand par césarienne mardi soir, ça vous intéresse ? »

Copié-cloné

POUR EN SAVOIR PLUS

Glossaire

ADN (acide désoxyribonucléique) : longue molécule porteuse de l'information génétique, contenue dans le noyau des cellules. Lors de la reproduction sexuée, l'embryon est formé à partir d'ADN hérité pour moitié de la mère, pour moitié du père. Lors du clonage, c'est l'intégralité de l'ADN du donneur qui est transféré dans l'ovocyte.

Bioéthique : étude des problèmes moraux soulevés par la recherche biologique, médicale ou génétique.

Cellules souches : cellules capables de s'autorenouveler. Elles sont utilisées pour remplacer les cellules spécialisées et pour réparer des organes.

Embryon : premier stade du développement de l'œuf après la fécondation d'un ovule par un spermatozoïde. Chez la femme, au bout de huit semaines, il devient un fœtus.

Fécondation in vitro : technique de procréation assistée qui consiste à faire rencontrer les spermatozoïdes et l'ovule, en laboratoire.

Génome : ensemble des gènes d'un organisme.

Ovocyte : cellule reproductrice femelle.

Transgénique : dont le génome a été modifié par l'homme.

Qui sont les clients de Sooam Biotech ?

Le Dr Hwang travaille surtout pour des particuliers : de riches Américains, Britanniques, Chinois, Allemands, ou alors pour des Coréens d'origine modeste dévastés par la mort de leur chien et prêts à s'endetter pour en obtenir une copie. Des États étrangers s'adressent aussi à lui. Washington a commandé à Hwang Woo-suk des clones de Trakr, le berger allemand qui avait retrouvé le dernier survivant des attaques du 11 septembre 2001. Dans une interview à la presse américaine, le maître du chien renifleur a assuré que les copies étaient aussi performantes que l'original. Le gouvernement coréen fait régulièrement cloner ses meilleurs canidés. Une fois entraînés dans des camps militaires, ils sont affectés à différents services de la police ou de l'armée : antiterrorisme, brigade des stupéfiants, secours.

Le dragon coréen

En 1945, la fin de la Seconde Guerre mondiale met un terme à trente-cinq années d'occupation japonaise en Corée. L'URSS prend le contrôle du Nord, les États-Unis du Sud. Une guerre éclate entre les deux en 1950, elle dure jusqu'en 1953 et fait 2 millions de morts. À l'issue du conflit, la Corée du Sud est un pays pauvre. Dans les années 1970, le dictateur Park Chung-hee impose la modernisation du pays à marche forcée. Son essor économique est l'un des plus rapides de la planète. Aujourd'hui, ce dragon asiatique est la onzième puissance économique mondiale. C'est aussi le pays qui investit le plus dans la recherche et développement, en proportion de sa richesse. Elle figure au premier rang dans de nombreux domaines de pointe : développement de la 5G, voitures intelligentes, réalité virtuelle, énergies renouvelables, biocarburants... Cette *« obsession de la réussite »*, la Corée du Sud la doit à une quête de reconnaissance, selon l'ancien diplomate français à Séoul Pascal Dayez-Burgeon. *« Les Coréens pensent que personne ne s'intéresse à eux. Le pays rêve de décrocher un Nobel ou une palme d'or à Cannes pour avoir le sentiment d'exister »*, analyse-t-il.

Un business florissant

Sooam Biotech n'est pas la seule société à cloner des chiens. Aux États-Unis, ViaGen se dit *« leader mondial du clonage d'animaux actifs et en bonne santé »*. Créée au Texas en 2002, l'entreprise s'est spécialisée dans la production d'animaux de compagnie, chiens, chats, mais aussi d'élevage, porcs et chevaux. Après versement d'un acompte de 50 %, soit 85 000 dollars (71 000 euros), il est possible de commander sur le site une copie de son équidé. Pour une livraison en France, comptez 3 000 dollars (2 500 euros). D'autres sociétés, argentines, australiennes, brésiliennes ou canadiennes, clonent des animaux de ferme. Fin 2015, la Chine a fait sensation en annonçant la construction de la plus grande usine mondiale de clonage de bêtes. Son ambition : produire plus d'un million de vaches chaque année pour répondre à la demande croissante des Chinois en bœuf.

Où en est-on du clonage ?

Ils s'appellent Zhong Zhong et Hua Hua. Ce sont les premiers singes clonés par transfert nucléaire de cellules somatiques. La même technique avait été utilisée pour la brebis Dolly, premier animal dupliqué, en 1996. Elle consiste à prélever le noyau d'une cellule avec son ADN pour l'implanter dans un ovocyte énucléé (sans noyau). Cette prouesse a été réalisée il y a quelques mois par des chercheurs de l'Institut des neurosciences de l'Académie chinoise des sciences, à Shanghai.

Il s'agit de la 23e espèce de mammifère clonée par des scientifiques à partir d'une cellule adulte. Depuis Dolly, vaches, souris, cochons, taureaux, chats, chevaux ont été conçus en laboratoire. Mais tous les essais sur les macaques avaient échoué. La proximité génétique des singes avec l'homme interroge : à quand le clonage du primate humain ? L'idée reste massivement rejetée dans le monde. L'Europe l'interdit depuis décembre 2000, l'Assemblée générale des Nations unies depuis le 8 mars 2005. En revanche, certains pays, comme le Royaume-Uni ou la Corée du Sud, ainsi que quelques États américains, autorisent la recherche sur le clonage dit « thérapeutique ». L'idée : développer des embryons in vitro pour en faire des réservoirs à cellules souches. Problème : cette méthode implique la destruction d'embryons. De plus, de nombreux ovocytes sont nécessaires à ces expérimentations, à l'heure où les dons ne répondent pas à la demande de la procréation médicalement assistée.

Une autre technique permet de produire des cellules souches sans recourir à des embryons : celle des cellules IPS (cellules souches pluripotentes induites). Elle consiste à prélever n'importe quelle cellule chez un adulte et à la reprogrammer pour la rendre pluripotente, c'est-à-dire capable de se multiplier à l'infini et de se différencier, comme une cellule souche embryonnaire. « *Elles pourraient permettre de régénérer des organes entiers* », observe-t-on à l'Inserm, l'institut français qui se consacre à la recherche biologique, médicale et à la santé humaine. À ce jour, aucun organe humain fonctionnel n'a été produit.

À VOIR À LIRE

Histoire de la Corée
d'André Fabre (éd. L'Asiathèque, 2000)
Pionnier des études coréennes en France, ce professeur de langues retrace l'histoire du pays depuis la préhistoire jusqu'à l'illusion de rapprochement entre le Nord et le Sud à la fin du XXe siècle.

Le Meilleur des mondes
d'Aldous Huxley (Pocket, 2017)
Dans ce chef-d'œuvre de la littérature d'anticipation écrit en 1931, l'auteur décrit une société où tout est biologiquement programmé. Nés dans une éprouvette, les enfants subissent des traitements pour endosser un rôle qui leur a été assigné.

THX 1138
film de George Lucas (1971)
Le film se passe dans une société souterraine au XXVe siècle. Sous sédatifs, l'humanité est soumise à un pouvoir totalitaire et invisible. Un jour, l'ouvrier THX 1138 arrête son traitement chimique et fuit avec sa compagne.

DANS LES COULISSES

Un jour, son fils regarde les nouvelles à la télévision. Il entend parler attentats, réchauffement de la planète et conflits armés. Il demande : « *Papa, à quoi ressemblera le monde quand je serai grand ?* » Bien incapable de répondre à cette question, Alberto Giuliani se lance un défi : esquisser la vie des futures générations. Son projet, baptisé « Surviving humanity » (« L'humanité survivante »), explore l'avenir sous différents angles : le défi climatique, démographique, nucléaire, les migrations, les conflits, la conquête de l'espace et la génétique. Le photographe de 43 ans s'intéresse à la cryoconservation au pôle Nord, aux robots humanoïdes au Japon et au clonage en Corée du Sud. Pour pénétrer dans les laboratoires de Sooam Biotech, il envoie un simple e-mail, demande à assister à un accouchement et à un transfert d'ovule. Pas de problème, répond la clinique, à une condition : qu'il soit certain de publier ses photos. « *C'est un business lucratif, ils ont besoin de publicité* », explique-t-il. Sooam Biotech lui a ouvert grand ses portes pendant trois jours. Il a découvert un nouveau monde. « *On est dans le clonage à des fins commerciales*, observe-t-il. *Ça veut dire que la science est désormais au service du marché.* »

Copié-cloné

LE PETIT POUCET AFGHAN

Ghorban avait 12 ans et dormait dehors quand **Olivier Jobard** *l'a rencontré. Le photographe l'a suivi pendant sept ans, jusqu'à ce que, devenu français, il parte retrouver sa mère en Afghanistan.*

« Janvier 2010. Ghorban a 12 ans. Il vient d'arriver à Paris. Parti d'Iran, il a traversé les montagnes turques à pied, rejoint l'Italie caché sous un camion, puis s'est planqué dans l'espace bagages d'un train pour passer la frontière française. »

« Les premières nuits, il dort sous un pont, quai de Valmy. Il est afghan, mais à 9 ans il a rejoint son père et son frère en Iran. Atteint de paralysie, son père y est mort, puis son frère est parti pour l'Angleterre. »

« Il passe ses journées aux alentours du jardin Villemin, près de la gare de l'Est, un point de repère pour les migrants afghans. Son objectif est de rejoindre son frère à Londres. »

Le Petit Poucet afghan

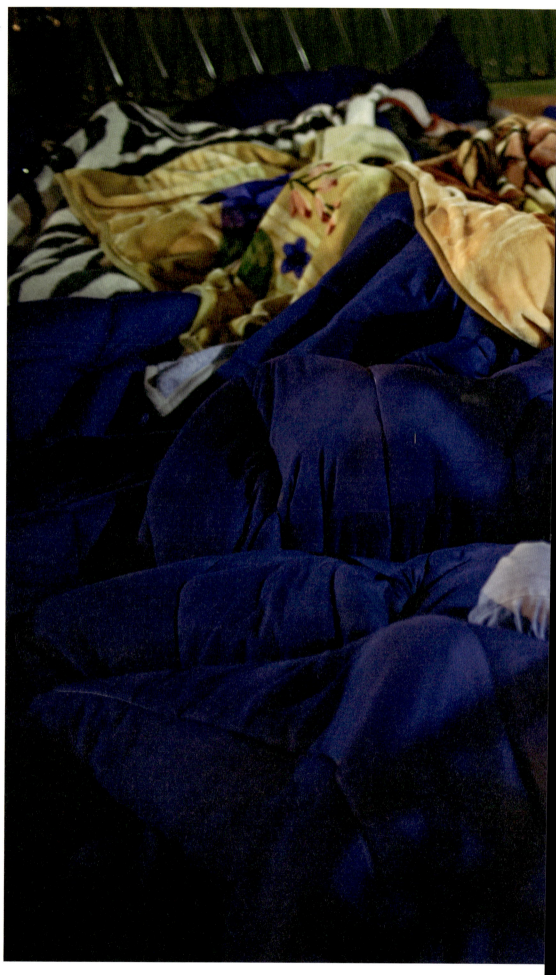

« Ghorban est vite repéré par une maraude de militants et de citoyens du Xe arrondissement, qui lui donnent un matelas et un sac de couchage. Le jour, il les cache dans les buissons. La nuit, il s'emmitoufle sous le kiosque à musique du jardin Villemin. »

Le Petit Poucet afghan

« Accueilli dans un foyer d'urgence pour mineurs étrangers, il apprend des rudiments de français. Ghorban a soif de connaissances. Il n'est encore jamais allé à l'école, mais il veut être président de la République, médecin ou avocat. »

« Je demande l'école, l'école, l'école. Je ne suis pas venu ici pour être en vacances. »

Ghorban

« Le jeune Afghan se fait des copains des quatre coins du monde. L'aide sociale à l'enfance est chargée de lui trouver un centre ou une famille d'accueil. »

« Quand il quitte le foyer, les adieux avec son éducatrice sont émouvants. Il vit ce départ comme un nouvel abandon, après celui de sa mère et de son frère. Il suit une thérapie avec un psychologue. C'est un gamin attachant. »

Le Petit Poucet afghan

« Ghorban a toujours été le chouchou, l'enfant modèle qui sait attendrir sur son sort malgré son côté râleur. Son discours sur sa famille est radical : "Ma mère m'a abandonné, mon père est mort, j'ai fui." »

« En France depuis un an, il est baladé d'un foyer d'urgence à un autre, entre deux passages à l'hôtel, sans avoir mis un pied à l'école. »

« Sa première immersion dans une famille d'accueil s'est mal passée. Il s'est retrouvé dans une ferme avec des cochons en Bretagne. Au bout de dix jours, il était de retour à Paris. »

« Les éducateurs disent qu'être en France depuis un an, c'est rien. Mais pour nous, les immigrés, chaque jour compte. »

Ghorban

Le Petit Poucet afghan

«*Ghorban est en première pro "laboratoire contrôle qualité" dans un lycée parisien. Il souhaitait faire un cursus général mais n'avait pas le niveau. Et l'aide sociale à l'enfance voulait qu'il puisse travailler dès 18 ans pour être autonome.*»

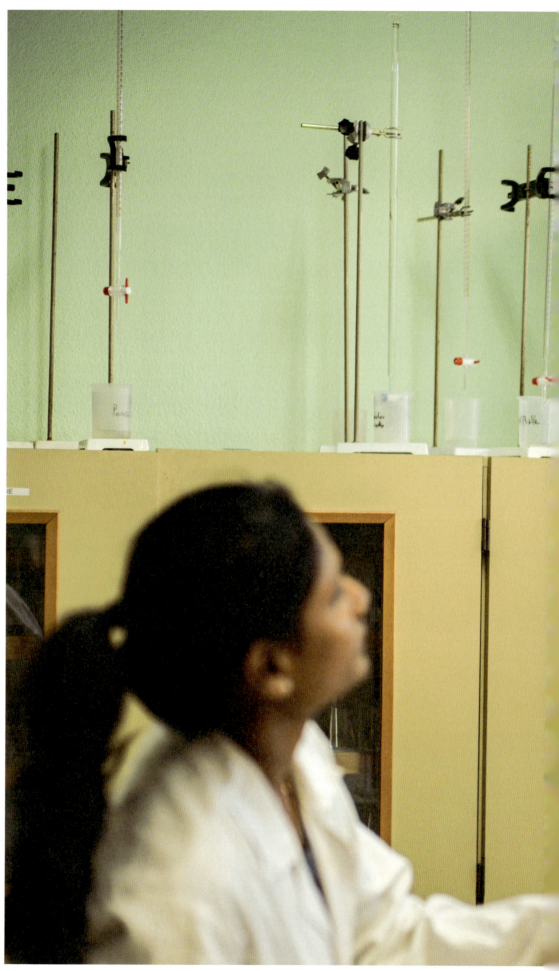

Le Petit Poucet afghan

« Nous sommes en 2016. Ghorban, 17 ans et 8 mois, vient d'obtenir la nationalité française. C'était ric-rac. S'il ne l'avait pas eue à 18 ans, il aurait été en situation irrégulière. Cette épée de Damoclès l'a chamboulé. »

« En juillet 2017, le jeune homme fête son bac en boîte de nuit. Il change souvent de coiffure, fréquente la salle de musculation… Il vit dans un foyer de jeunes travailleurs. »

« À l'été 2017, il part voir sa mère en Afghanistan. Il a retrouvé son contact sur Facebook, grâce à un jeune de son village. Les échanges avec le psychologue lui ont permis de reconstruire son histoire familiale. »

Le Petit Poucet afghan

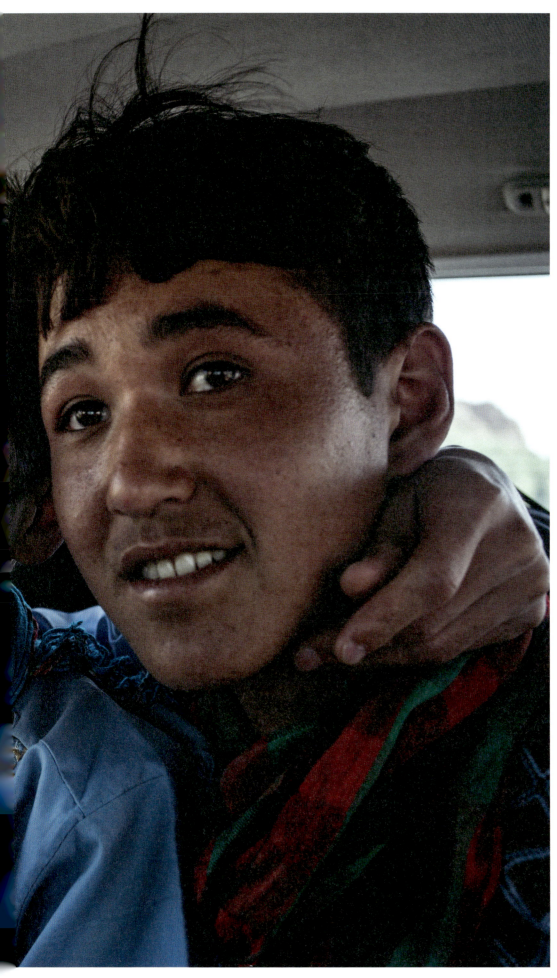

« Ses deux demi-frères, Sorhab et Mehrab, nous attendaient à l'aéroport de Bamiyan. Il y a huit heures de route pour rejoindre leur village, Lal Wa Sarjangal. »

Le Petit Poucet afghan

« *Ghorban est accueilli avec des bouquets de fleurs en plastique. Sa mère lui verse des bonbons sur le visage. Ses demi-sœurs, Aziza et Slima, se jettent dans ses bras. La famille décide de sacrifier un mouton.* »

« *Le jeune homme a parcouru 40 kilomètres pour voir son grand-père. En chemise blanche et costume, il fait figure d'extraterrestre. Il est le héros qui rentre au pays.* »

168 – **6Mois** – AUTOMNE 2018 / HIVER 2019

*« Sa famille vit de la culture du pavot à opium.
Ghorban est choqué par les conditions de vie de ses proches.
Il se plaint de la poussière, de la nourriture trop grasse.
Il souhaite que ses frères aillent à l'école. »*

« Je suis plus habitué à vivre en France qu'en Afghanistan. »

Ghorban

Le Petit Poucet afghan

« Sa discussion avec sa mère est un moment crucial. Ghorban a des mots durs. Il lui reproche de l'avoir abandonné quand il était tout petit, après s'être remariée. Elle fond en larmes et s'explique. Un poids tombe. »

« Ma mère m'a dit : "Je pense encore à toi et à ton frère." »

Ghorban

Le Petit Poucet afghan

« Les gamins suivent Ghorban jusqu'à la tombée de la nuit.
Le village se situe à 3 000 mètres d'altitude, il neige six mois par
an. La maison familiale, en terre, se trouve au-dessus
d'un enclos : l'hiver, vaches et chèvres apportent de la chaleur. »

« Des jeunes l'invitent à jouer au football. Il n'y a que deux voitures dans le coin, les gens se déplacent à moto et à vélo. »

« Moment de complicité avec ses frères. Ghorban leur a acheté des crampons et des survêtements de foot. Il a apporté plein de cadeaux, dont des lampes à manivelle. Au village, l'électricité vient des panneaux solaires. »

Le Petit Poucet afghan

« Parti comme le vilain petit canard, Ghorban est revenu comme un roi. Il a guéri certaines blessures et trouvé une famille. Il compte gagner rapidement de l'argent en France pour aider ses proches. »

Le Petit Poucet afghan

ÉCLAIRAGE

ENTRE DEUX MONDES

En arrivant en France après avoir bravé les routes migratoires, Ghorban a basculé d'un univers à l'autre. Aujourd'hui, il travaille, mène sa vie, et s'occupe de sa famille restée en Afghanistan.

Quatre étages qui suintent la testostérone, des milliers de veines tendues comme des câbles, boulevard Voltaire, à Paris. Après quinze minutes de recherche laborieuse dans le club de sport aux murs rose bonbon, j'aperçois un petit gabarit au sourire espiègle. Ghorban pédale sereinement dans la salle du deuxième étage. Moulé dans un tee-shirt bleu et un pantalon aux couleurs du FC Barcelone, il entame ses trois heures de sport quasi quotidiennes. *« J'ai 10 kilos à prendre d'ici l'été »*, glisse-t-il.

Après sa séance, on s'attable devant un sandwich Subway. Ghorban a 20 ans. Il est en France depuis huit ans, est français depuis deux ans. Il a une chambre dans un foyer de jeunes étudiants. Né dans un petit village du centre de l'Afghanistan, pas loin de Bamiyan et de ses immenses bouddhas de pierre détruits en 2001 par les talibans, il est hazara, donc lointain descendant des Mongols débarqués des steppes asiatiques. *« Je me suis battu pour arriver en France. Personne ne veut quitter son pays, sa famille. Mais quand tu es obligé, tu le fais. Mourir d'une balle dans la tête ou mourir de faim, c'est la même chose. »* Ses premières années, il les a vécues dans un monde de sable, de rocs et de poussière. Il en est parti *« vers 8-9 ans »* et est arrivé en France trois ans plus tard, seul. Il dormait sous un pont du côté de la gare de l'Est. Une gare... quand il n'y en a aucune en Afghanistan! Difficile de se représenter cette bascule, à 12 ans, d'un monde à l'autre. Apprendre une langue, se forger une vie à partir de rien...

Longtemps à fleur de peau, insolent pour se protéger des dangers de la route et des doutes qui l'assaillaient, il s'est appuyé sur deux boussoles pour sa longue traversée: un sens aigu de l'observation et une déconcertante facilité à se mettre les gens dans la poche. Sentimental, il aime rendre service. Son caractère est bien trempé. Enfant de la rue, mineur pris en charge dans un foyer, il dit avoir *« été traité comme n'importe quel petit Français, voire mieux »* : *« Je suis parti en colonie à Poitiers, en Ardèche, à des stages de football où je passais huit heures par jour balle au pied. Je devenais fort physiquement, c'était magique. »*

Ghorban veut vivre tranquillement, sans avoir de comptes à rendre. Mais le présent ne se délie pas facilement du passé. Son bac en poche, il aurait pu continuer ses études. À la rentrée 2017, il a suivi deux mois un BTS d'analyse médicale, mais a abandonné. Cet été-là, il venait de retrouver sa famille, pour la première fois. Un aller-retour Paris-Kaboul qui a tout changé. *« Ma mère et mes quatre frères et sœurs vivaient à la campagne, mes frères étaient obligés de travailler dans les champs d'opium. »* Ghorban ne l'a pas supporté. À son

Ghorban a acheté une maison à sa famille, et envoie tous les deux mois 500 euros à ses frères et sœurs.

> *« Je dois stabiliser ma vie et, alors, peut-être, je vais me lancer dans la politique en Afghanistan. »*

retour en France, il décide de gagner de l'argent pour les aider. Depuis, il travaille en intérim : il analyse les matériaux dans des laboratoires. Tous les deux mois, il envoie environ 500 euros à ses frères et sœurs, tous mineurs : Sorhab, Mehrab, Aziza et Slima. Avec l'indemnité qu'il a reçue après avoir été renversé par une voiture, il a acheté à sa famille une maison à Hérat, une grande ville proche de la frontière iranienne. *« Maintenant, ma sœur suit des études d'infirmière et mes frères vont à l'école. Ils ont le gaz et l'électricité, des toilettes, une cour, de quoi payer les transports et la nourriture »*, explique Ghorban, un filet de voix empreint de fierté.

Un pied à Hérat, un pied en France, il espère pouvoir décrocher un brevet de technicien supérieur, voire un diplôme d'ingénieur. Il s'accroche, ne renonce à rien de ses deux vies. À Paris, il va au bowling avec ses amis, mange régulièrement au fast-food, s'achète des bouquins sur Mai 68 et sur l'histoire afghane. Tous les soirs, il échange avec sa sœur. *« On n'a que toi »*, lui dit régulièrement sa mère. Ghorban a soif de justice. La politique est sa passion. Il y consacre beaucoup de temps. Il a soutenu Benoît Hamon puis Jean-Luc Mélenchon, pour finalement s'intéresser à Lutte ouvrière, un parti *« qui défend les ouvriers afghans, brésiliens, pas que les Français »*. Voici quelques mois, il a participé à la fête annuelle du parti de Nathalie Arthaud. Des étoiles dans les yeux, il raconte les débats endiablés, les nuits sous la tente, les soirées au théâtre et au cinéma. Puis, plantant son regard marron comme on viserait une cible : *« Tu sais quels ont été les bénéfices du CAC 40 en 2017 ? 93 milliards. Pour combien d'emplois créés ? »*

Il s'est fait de nombreux copains parmi les militants. *« Avec eux, je ne me sens pas étranger. Peu importe que je sois français ou pas, que j'aie des papiers ou pas. Pour eux, on est tous pareils. »* Parfois, il se dit qu'il aimerait retourner quelques jours en Afghanistan. Il crève d'envie de voir sa famille, installée dans sa nouvelle maison : *« Je préfère envoyer de l'argent plutôt que payer un billet aller-retour. Pour l'instant, je n'ai pas d'emploi stable. Si je pars, je perds mes revenus. »*

Ghorban est à la bourre. Une partie de bowling se profile. Je l'accompagne. Il sort du métro Charles-Michels, dans le XVe arrondissement, en slim noir et manteau beige façon Burberry, un reste de mèche peroxydée dans les cheveux. Il n'a pas tout à fait la grâce de The Dude, personnage au lancer soyeux du film *The Big Lebowski*. Sur le chemin du retour, le jeune homme rêve à voix haute : *« Je dois stabiliser ma vie, attendre que ma sœur termine ses études et alors, peut-être, je vais me lancer dans la politique en Afghanistan. »* •

Théo du Couëdic

Le Petit Poucet afghan

POUR EN SAVOIR PLUS

Les mineurs isolés

25 000 mineurs non accompagnés (MNA) ont été accueillis en France en 2017 (4 000 en 2010).

95 % sont des garçons.

71 % sont originaires d'Afrique.

3 000 mineurs isolés vivent à Mayotte, dont plusieurs centaines à la rue.

12 jeunes, de 10 à 21 ans, non accompagnés, se sont suicidés en 2017 en Suède.

446 ont obtenu le statut de MNA à Paris, en 2016, sur 2 687 évalués.

Reza, le grand frère

Reza est un citoyen britannique. Il habite à Tunbridge Wells, à 75 km de Londres, dans un logement social. Il a une voiture, une petite copine et travaille dans un salon de coiffure. Reza, 25 ans, est le grand frère de Ghorban. Mais, contrairement à ce dernier, il a tiré un trait sur sa famille. *« Il fait comme s'il n'avait jamais vécu en Afghanistan »*, précise Ghorban. Reza a quitté son pays natal à 5 ans pour rejoindre l'Iran. Les deux frères ont vécu un an ensemble à Téhéran. Reza a ensuite pris la route pour l'Europe. Il a traversé la Turquie, la Grèce, l'Italie, la France, et finalement rejoint l'Angleterre, où il a intégré un foyer, puis une famille d'accueil. Les deux frères ont toujours gardé le contact. Quand Ghorban a gagné l'Europe à son tour, Reza lui a envoyé son argent de poche. Quand son petit frère s'est cassé la jambe dans un accident de voiture en 2013, il est venu le réconforter en France. En retour, Ghorban est allé trois fois en Angleterre. Reza lui achète des téléphones, des maillots du FC Barcelone, des vêtements. Il est protecteur, parfois paternaliste. Il souhaite que son petit frère poursuive ses études. Mais ne demande jamais de nouvelles ni de sa mère, ni de ses autres petits frères, qu'il n'a pas connus. *« Ma seule famille, c'est toi »*, dit-il à Ghorban.

L'émigration afghane

En août 2016, après avoir passé plus de trente ans au Pakistan, des familles afghanes entreprennent des démarches pour rentrer dans leur pays.

Ces quarante dernières années, l'exode des Afghans se chiffre en millions de personnes. Le pays a connu l'invasion des Soviétiques (1979-1989), une guerre civile (1989-1996), la dictature des talibans (1996-2001), l'intervention américaine (2001-2014). Encore aujourd'hui, ils fuient la sécheresse, la pauvreté, les conflits ethniques, les dysfonctionnements de l'appareil administratif, et surtout la menace des talibans.
Massivement réfugiés en Iran et au Pakistan, ils travaillent notamment dans le bâtiment et l'agriculture. Les familles intégrées de longue date aident les nouveaux arrivants à trouver un hébergement, à gérer les démarches administratives. Mais les politiques migratoires du Pakistan et de l'Iran sont devenues plus répressives. Des Afghans sont expulsés. D'autres n'ont pas le droit d'ouvrir un compte bancaire, d'acheter une maison. Ce qui a poussé des milliers d'entre eux, dont des mineurs comme Ghorban, à rejoindre l'Europe. Ils n'ont pas de destination fixe et avisent selon les opportunités qui se présentent en cours de route. En 2016, plus de 9 000 Afghans ont été renvoyés d'Europe vers leur pays. Trois fois plus que l'année précédente.

Prouver sa minorité

Les mineurs non accompagnés (MNA) sont des étrangers de moins de 18 ans qui se trouvent en France sans adulte responsable. Ils disposent des mêmes droits que les enfants confiés à l'aide sociale, mais pour obtenir ce statut ils doivent prouver leur minorité. Les départements sont chargés de cette évaluation. Ils étudient leurs documents d'état civil et retracent leur parcours. Lors d'un entretien, les jeunes détaillent leurs conditions de vie dans leur pays d'origine, les aléas de la route, leur projet en France. En dernier recours, le juge des enfants peut demander un test osseux pour déterminer leur âge. Il s'agit d'une radio de la main et du poignet. Une méthode controversée : la marge d'erreur est de dix-huit mois. Au bout du processus, plus de la moitié des demandeurs sont déboutés. Ces chiffres varient selon les départements. En 2016, les Alpes-Maritimes en ont reconnu 370 sur 370 évalués, le Pas-de-Calais 383 sur 1584, l'Aude 148 sur 604. Les jeunes dont la minorité n'est pas reconnue se retrouvent dans des situations précaires. De plus, certains demandeurs évalués « mineur non accompagné » dans un département sont redirigés vers un autre département, pour une répartition équitable sur le territoire français. Là, ils peuvent être réévalués majeurs et perdre leurs droits. Mais le plus souvent les mineurs isolés sont pris en charge dès le feu vert du juge. Ils sont hébergés, disposent d'un soutien matériel et psychologique et d'un accès à l'école. Ils ne sont pas sereins pour autant. Le jour de leur majorité, ils doivent être en possession de papiers français ou d'un récépissé de demande de titre de séjour. Sinon, ils sont considérés comme des adultes en situation irrégulière et ne bénéficient plus d'aucune aide. Ce parcours est angoissant, surtout après les épreuves vécues sur la route. Fin décembre 2017, un Malien, mis à la porte de son foyer pour mineurs à Nîmes parce qu'il venait d'atteindre la majorité, s'est jeté sous un train. Il venait de fêter ses 18 ans.

À VOIR À LIRE

De Kaboul à Calais
de Wali Mohammadi
(éd. Robert Laffont, 2009)
Un jeune Afghan raconte son périple. Il n'a que 15 ans, il est clandestin. Grâce à l'aide d'une famille calaisienne, il travaille et suit des études en France puis au Canada.

Les Cerfs-Volants de Kaboul
film de Marc Forster
(2008, adaptation du roman de Khaled Hosseini)
Amir, fils d'un notable de Kaboul, est inséparable de Hassan, fils de domestiques. Un jour, il le trahit. Puis se réfugie avec sa famille aux États-Unis. Vingt ans plus tard, Amir retourne en Afghanistan pour se racheter.

Allah n'est pas obligé
d'Ahmadou Kourouma
(Points, 2002)
Birahima, enfant des rues, quitte la Côte d'Ivoire pour le Liberia, devient enfant soldat, avec son corollaire : drogues, meurtres, viols. Il raconte cette vie avec ses mots maladroits, terriblement vrais.

DANS LES COULISSES

En 2010, le photographe Olivier Jobard reçoit une commande du *Monde*. On lui demande de travailler sur les mineurs isolés vivant dans les rues parisiennes, près de la gare de l'Est. Il repère vite Ghorban. Ce petit gars efflanqué dégage quelque chose d'attachant. *« C'était un déversoir de paroles, mais je ne comprenais rien, il parlait italien. »* Il reste avec lui plusieurs jours, avant d'être rejoint par la journaliste Claire Billet, qui a vécu en Afghanistan et parle dari. Tous deux décident de suivre son processus d'intégration et d'en faire un film. Ils se rendent dans son foyer d'urgence, assistent avec lui à un match de la Coupe du monde. Ghorban est rapidement pris en charge par l'aide sociale à l'enfance. Ils sont présents lors de ses séances chez le psychologue, organisées dans un centre de soins de Médecins sans frontières. Les années filent. À ses 18 ans, Olivier Jobard et Claire Billet deviennent ses parrains républicains. Et l'accompagnent en Afghanistan. *« C'était un moment douloureux pour lui. Il a été sympa d'accepter notre présence. On a vécu dans une famille afghane pendant presque une semaine, c'est quelque chose de rare. »*

Ce reportage photo a bénéficié d'une bourse du Centre national des arts plastiques.

Le Petit Poucet afghan

Pour gagner des fidèles, les églises américaines évoluent. **Cyril Abad** *en témoigne : on peut assister à la messe dans sa voiture, intégrer une communauté en étant athée ou découvrir la vie de Jésus dans un parc d'attractions.*

2018 APRÈS JÉSUS CHRIST

LA MESSE DRIVE-IN

« Plus de 600 fidèles fréquentent chaque week-end l'église drive-in de Daytona Beach, en Floride. Ils écoutent le sermon sur leur autoradio, une station est réservée à leur mouvement, "Les disciples du Christ". Cette communauté protestante s'est établie sur la pelouse d'un ancien cinéma en plein air. »

« Cette paroissienne fréquente cette église parce qu'elle peut y amener sa chienne. Les fidèles apprécient l'air climatisé de leur voiture. Certains, encore en pyjama, iront se recoucher après la messe, d'autres fileront à la plage. »

« Le révérend Bob se recueille quelques minutes avant le premier office du dimanche. »

2018 après Jésus-Christ

« Le pain de messe, symbole du corps du Christ, est d'une taille peu commune : il doit être visible de loin. »

2018 après Jésus-Christ

« Les personnes âgées préfèrent se recueillir, chanter et communier dans leur voiture. Pour dire amen, les paroissiens klaxonnent. »

« Chœur, musiciens et régisseur : toute une équipe entoure le révérend. »

« Des fidèles sillonnent le parking pour faire la quête. »

2018 après Jésus-Christ

L'ÉGLISE
POUR TOUS

« Pas d'habits du dimanche à Seacoast, la devise, c'est "Venez comme vous êtes!". Fondée en 1988, cette église chrétienne se revendique comme non confessionnelle. Elle séduit de plus en plus d'athées en quête d'appartenance à une communauté. »

2018 après Jésus-Christ

« À Mount Pleasant, en Caroline du Sud, l'équipe de bénévoles se recueille avant l'arrivée des paroissiens. Nous sommes sur le "campus" historique de Seacoast, qui en compte 13 aux États-Unis. »

« Cette jeune fille s'inscrit sur une borne pour participer à des activités : ping-pong, billard, atelier d'écriture... »

« Seacoast a été la première église à proposer la retransmission des messes en direct, sur smartphones ou écrans. »

2018 après Jésus-Christ

« L'office ressemble à un grand spectacle, et le prêche à une séance de coaching. Le pasteur ne porte pas de signes religieux, les références aux Écritures saintes sont quasi absentes. »

2018 après Jésus-Christ

« Pendant que les parents assistent à l'office, les enfants participent à des ateliers de dessin ou de jeux de société. Des psychologues sont aussi à leur disposition. »

« Le campus historique héberge sur ses 14 hectares un café Starbucks et une librairie. La plupart des ouvrages sont écrits par les pasteurs de l'église et traitent de développement personnel ou de bien-être. »

« Seacoast a développé sa propre application, sa chaîne YouTube, et est présente sur les réseaux sociaux. »

2018 après Jésus-Christ

« *Le pain destiné à la communion est disponible sans gluten !* »

« *Même si les références religieuses sont discrètes, les prêches reposent sur les enseignements de la Bible : Dieu a envoyé son fils sur terre et Jésus a été crucifié pour laver les hommes de leurs péchés.* »

196 – **6Mois** – AUTOMNE 2018 / HIVER 2019

« Chaque service commence et se termine par un concert de rock chrétien. Les paroissiens chantent et prient en célébrant leur amour de Dieu. On dirait presque une thérapie de groupe. »

2018 après Jésus-Christ

AU PARC AVEC JÉSUS

« *The Holy Land Experience* ("l'expérience de la Terre sainte") fait partie des multiples parcs à thème d'Orlando, en Floride. Pour 50 dollars, les visiteurs découvrent la vie de Jésus, mise en scène sur fond de comédie musicale. »

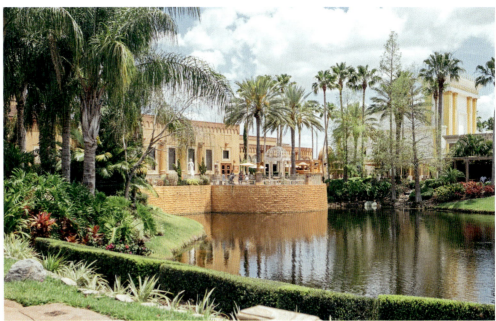

« Propriété de la chaîne de télévision évangélique Trinity Broadcasting Network, Holy Land déploie un décor tout en carton-pâte sur 6 hectares. »

« Plus qu'une mascotte, Jésus est la star du parc. Regard bienveillant, cheveux longs, gestes lents, le personnage est soigneusement travaillé. Pour certains visiteurs, le toucher est une bénédiction. »

2018 après Jésus-Christ

« Ces danseuses annoncent le début d'un des nombreux spectacles. Une centaine de comédiens animent le parc. »

2018 après Jésus-Christ

« Holy Land attire une population diversifiée, mais la plupart des visiteurs viennent de la Bible Belt ("la ceinture de la Bible"). Cette zone du sud-est des États-Unis est le fief des chrétiens fondamentalistes. »

« Pour jeter un coup d'œil au tombeau de Jésus, il faut payer un supplément. »

« La reconstitution du chemin de Croix est un moment phare du spectacle. Agglutinés sur Jerusalem Street Market, les visiteurs sont émus, parfois choqués – toujours le téléphone portable à la main. »

2018 après Jésus-Christ

« Le bruit des clous s'enfonçant dans le bois, amplifié par des enceintes, annonce la crucifixion. L'acteur se tord de douleur, fouetté par des soldats romains, sous les yeux d'une Marie dévastée. Des spectateurs lèvent les bras au ciel, pleurent, implorent le pardon, certains sont presque en transe. »

2018 après Jésus-Christ

ÉCLAIRAGE

« MON PAYS EST DINGUE »

Douglas Kennedy a parcouru la Bible Belt en 1988, à la découverte de ce Sud ultra religieux. Comment les choses ont-elles évolué depuis ? Son avis et ses explications sont édifiants.

6Mois Pour réaliser ce travail photographique, Cyril Abad s'est inspiré de votre livre *Au pays de Dieu*, où vous racontez votre périple dans la « ceinture de la Bible ». Ses images font-elles écho à ce que vous aviez constaté à l'époque ?
Non, c'est très différent ! Forcément, les choses ont changé en trente ans. La messe drive-in, par exemple, ça n'existait pas.

Cela vous surprend-il ?
Pas vraiment. C'est très américain. La voiture est l'un des symboles du pays. Après la Seconde Guerre mondiale, elle s'est démocratisée et est devenue essentielle. La multiplication des autoroutes a permis d'asseoir son règne. Et, naturellement, le drive-in est apparu, d'abord pour se restaurer puis avec le cinéma.

Cette église a justement été construite sur le terrain d'un ancien cinéma en plein air…
Ça ne m'étonne même pas ! Non mais une messe pour les voitures… C'est l'expression même du capitalisme !

Quand vous regardez les images du parc Holy Land, qu'est-ce que cela évoque pour vous ?
J'ai envie de vous répondre que la mondialisation a produit quelque chose de bien moche ici *[rires]*.

Et au-delà de ça ?
J'ai le sentiment que ce parc offre l'opportunité à des Américains moyens de voyager pendant deux heures dans une Jérusalem en carton-pâte. La véritable Ville sainte, ils n'iront probablement jamais la visiter. Il ne faut pas oublier que 41 % de la population seulement possèdent un passeport…

La Bible Belt est aussi connue pour ses *megachurches*, qui misent sur le spectaculaire, et dont l'église Seacoast pourrait être l'héritière, les techniques d'entreprise en plus. Comment expliquer leur succès ?
Il y a trente ans, les églises grandes comme des centres commerciaux avaient déjà commencé à pousser un peu partout dans le Sud. Toutes les personnes que j'y croisais avaient vécu un événement personnel terrible : la perte d'un emploi, des problèmes de santé ou la disparition d'un être cher. Après ça, vous avez besoin de soutien, de réponses, ou d'un modus vivendi, et depuis toujours l'église offre cela. Et, dernière chose : il ne faut jamais sous-estimer l'ennui.

Que voulez-vous dire ?
20 % de la population américaine est comme moi : éduquée et cultivée. Mais n'oublions pas les autres, les 260 millions de personnes avec lesquelles le gouffre socioculturel est énorme ! Je pense que nombre d'entre elles se tournent vers l'église pour rendre leur vie moins ennuyeuse. Regardez ce couple *[il montre la famille arrivant à Seacoast]*, ils ne vont pas écouter la *Symphonie n° 5* de Mozart !

Que pensez-vous de ces églises sans obédience qui séduisent les athées ?
Encore aujourd'hui, il est compliqué d'être athée dans le pays qui se considère comme le préféré de Dieu. Surtout dans la Bible Belt ! J'imagine que ces églises leur donnent le sentiment d'appartenir à une communauté, leur offrent une reconnaissance sociale, un gage de moralité et de respectabilité à l'égard de leurs voisins, de leur patron et de tous les croyants qui composent la société américaine.

Diriez-vous que les églises de cette région sont encore plus tournées vers la société de consommation et de loisirs qu'à l'époque de votre périple ?
Complètement.

*Américain francophone, **Douglas Kennedy** a écrit près d'une vingtaine de livres, essentiellement des romans. Les derniers en date sont une saga en trois tomes, « La Symphonie du hasard », publiée chez Belfond.*

Revenons sur cette conquête de la religion dans le sud du pays. Le terrain était-il plus fertile dans ces États?
Pour comprendre la Bible Belt, il faut avoir à l'esprit plusieurs éléments clés de l'histoire des États-Unis. Nombre d'Américains considèrent la Bible comme l'un des piliers de l'identité nationale, l'héritage des premiers colons britanniques persécutés dans leur pays pour leurs convictions religieuses puritaines. Or, cet héritage a perduré dans les États du Sud : la religion y a été utilisée comme arme politique, notamment pour exacerber les différences avec le Nord.

Une arme politique surtout utilisée par le Parti républicain...
Oui, c'est ce qu'on a appelé « la stratégie du Sud ». Machiavélique mais brillante. Autrefois, la domination des États du Nord était avant tout économique. Or, l'arrivée de la climatisation dans les années 1950 a permis l'émergence d'un nouveau Sud. Il faut imaginer cette région à l'époque : des terres arides au climat impitoyable, où les gens faisaient la sieste six mois par an faute de pouvoir faire autre chose. Le rôle de la climatisation sur la productivité et sur l'activité économique a été incroyable!

Quel rapport avec la « stratégie du Sud »?
J'y viens... Pour faire évoluer les États racistes du Sud, il fallait jouer la carte de l'égalité raciale. C'est ce qu'a essayé de faire Lyndon B. Johnson, président démocrate de 1963 à 1969, en signant en 1964 le Civil Rights Act, qui réprimait la ségrégation dans les lieux publics et l'emploi. La légende raconte qu'en posant son stylo Johnson aurait dit : *« Nous avons perdu le Sud pour une génération. »* Effectivement, cette mesure est mal passée. Plus tard, la stratégie des présidents républicains Nixon mais surtout Reagan puis Bush (les deux) a été d'utiliser le Sud, ses divisions raciales, et d'y instrumentaliser la religion. Et ça a superbement bien marché!

Finalement, cette « stratégie du Sud » a perduré jusqu'à aujourd'hui...
Exactement. Pour gagner, Trump s'est appuyé sur cette « majorité silencieuse ». Celle de l'Amérique profonde, contre les élites, les intellectuels, les homosexuels, les Afro-Américains, les immigrés, les bébés avortés, etc. D'ailleurs, le choix de son vice-président [Mike Pence se présente comme un « évangélique catholique »] n'a pas été un hasard : avec cet « hyperchrétien », il cherchait à capturer l'électorat évangélique!

Qu'est-ce qui a le plus changé selon vous en trente ans?
Le plus grand changement sociétal depuis la parution d'*Au pays de Dieu*, c'est l'avancée technologique et l'émergence des réseaux sociaux, qui menacent tout : la littérature, le journalisme, etc.

C'est ce qui fait le succès des nouvelles églises, comme la Seacoast avec ses podcasts, sa chaîne YouTube, ses applications...
Et c'est sûrement grâce aux réseaux sociaux qu'elles existent : ils permettent de connecter les gens entre eux, donc de faire émerger ces églises de niche. Et ce n'est que le début. Sur Internet, nous sommes sans arrêt sollicités par des publicités en lien avec nos précédentes recherches. Imaginez si les Églises s'y mettent en fonction de nos affinités... Mon pays est dingue! •

Propos recueillis par Clara Hesse

« Non mais une messe pour les voitures... C'est l'expression même du capitalisme! »

2018 après Jésus-Christ

POUR EN SAVOIR PLUS

Quelques chiffres

3,1 % d'Américains se déclaraient athées en 2014.

70,3 % se déclaraient chrétiens, 46,6 % protestants, 20,8 % catholiques, 2,9 % mormons, orthodoxes ou témoins de Jéhovah.

36 % assistent à un service religieux au moins une fois par semaine.

55 % prient au moins une fois par semaine.

Le boom des églises pour non-croyants

Depuis quelques années, de nouveaux courants religieux émergent, fragilisant le monopole du protestantisme traditionnel. En 2015, les « *nones* » ou « *nons* » (les « non-affiliés ») représentaient près de 23 % de la population, ce qui en fait le deuxième courant « religieux ». Selon le Pew Research Center, ce groupe hétérogène rassemble athées (3,1 %), agnostiques (4 %) et personnes qui ne croient en rien de particulier (15,8 %). La spiritualité peut cependant être présente dans leur vie. Les États-Unis voient naître de plus en plus d'églises « non confessionnelles » : sans étiquette, elles ne sont pas formellement affiliées à un courant du baptisme ou du pentecôtisme. S'affranchissant des références religieuses, elles attirent de nombreux athées en mal d'appartenance à un groupe, et en quête de gages de moralité aux yeux de la société américaine.

La Bible Belt

Cette expression (qui signifie « ceinture de la Bible ») désigne une zone du sud-est des États-Unis où la majeure partie de la population se réclame d'un protestantisme rigoriste. Inventée en 1925 par l'écrivain Henry Louis Mencken, et déjà péjorative à l'époque, elle désigne le Sud profond : un territoire de Blancs bigots et incultes, en opposition aux Yankees (les habitants du Nord). La Bible Belt rassemble une quinzaine d'États (pour la plupart anciennement sécessionnistes) : Mississippi, Alabama, Géorgie... Colonisée par des anglicans, la région a subi au XIXe siècle l'influence de mouvements religieux protestants conservateurs, devenant le paradis des prêcheurs itinérants et des colporteurs de bonne parole. Cela la différencie du Nord, qui concentre les protestants modérés, les catholiques, et beaucoup de non-croyants : 32 % dans l'État de Washington contre 12 % en Alabama, selon des chiffres de 2014 du Pew Research Center.

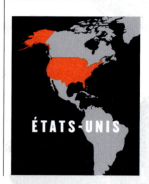

ÉTATS-UNIS

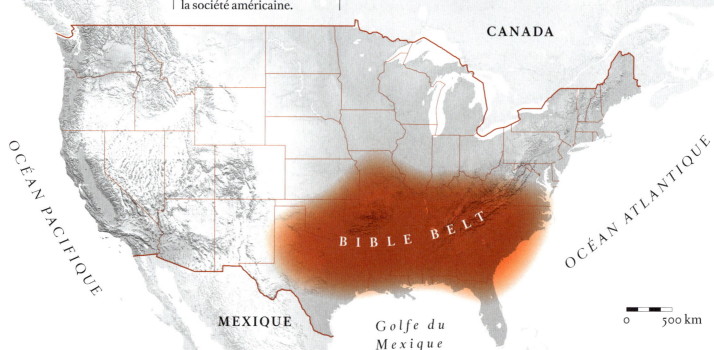

Fumer est bon pour la foi

Première messe célébrée par « l'église du cannabis », en juillet 2015, à Indianapolis, aux États-Unis.

En 2015, Bill Levin, militant pour l'usage médical de la marijuana, a fondé la première « église du cannabis », dans l'Indiana. L'État du Colorado a suivi le mouvement, en ouvrant deux ans plus tard à Denver « l'église internationale du cannabis ». Ses fidèles sont invités à se consacrer au voyage spirituel et à la découverte de soi, processus qui serait accéléré par la consommation d'herbe. On recense aujourd'hui, à travers le pays, une dizaine de communautés où l'hostie a été remplacée par des joints. Certaines se définissent comme « rastafaristes », un courant culturel et spirituel né en Jamaïque, qui mêle christianisme et mysticisme. Les églises, prêtes à tout pour attirer des ouailles, s'adaptent aux codes de la société et adoptent un ciblage de niches. Dans son livre *Au pays de Dieu*, paru en 2004, Douglas Kennedy faisait ainsi référence à l'AMC, une association de motards chrétiens dont la devise était « *Nous roulons pour le Fils* ». Depuis, l'Amérique a vu naître des communautés religieuses pour surfeurs ou transgenres.

À VOIR À LIRE

Histoire religieuse des États-Unis
de Lauric Henneton (Flammarion, 2012)
Comment ce pays a-t-il pu demeurer un îlot de religiosité alors que le reste de l'Occident est largement sécularisé ? Un examen du rapport si particulier des Américains à la religion.

Jesus Camp
documentaire de Heidi Ewing et Rachel Grady (2007)
Plongez dans l'ambiance d'un camp de vacances de fondamentalistes chrétiens. Ce récit sur l'embrigadement de jeunes Américains par des évangéliques radicaux est saisissant et certaines scènes font froid dans le dos…

La Servante écarlate
série de Bruce Miller (OCS et en DVD, 2017)
Adaptée du roman éponyme de Margaret Atwood, cette série dépeint une Amérique où une secte politico-religieuse a pris le pouvoir. Une organisation totalitaire est instaurée, où les femmes fertiles sont réduites à l'état d'esclaves sexuelles.

DANS LES COULISSES

Le photographe Cyril Abad est un amoureux de littérature américaine. Il a toujours eu envie de marcher dans les traces de ses écrivains préférés : Jack Kerouac, Cormac McCarthy ou John Fante. Il y a deux ans, il relit *Au pays de Dieu*, sorte de carnet de voyage de Douglas Kennedy, qui dresse un état des lieux de la Bible Belt, ce Sud profond où vivent les fous de Dieu. Quelques mois plus tard, Donald Trump est élu président. Personne n'avait alors mesuré le poids de l'électorat religieux. Bercé par le récit de Douglas Kennedy, Cyril Abad voit là un sujet : comprendre les États-Unis à travers le prisme de la foi. Il retrace l'itinéraire emprunté par l'écrivain en 1988. Très vite, il se rend compte que beaucoup de choses ont changé : des églises ont été détruites, des télévangélistes éclaboussés par des scandales financiers ou sexuels… Mais il reste accroché à son idée et se rend dans la Bible Belt. Il constate que les églises se sont adaptées à un individualisme grandissant : le tissu social s'est fragmenté, des petits clochers ont essaimé dans le pays de Dieu. Son récit photographique est une sorte de mise à jour de l'enquête de Kennedy.

2018 après Jésus-Christ

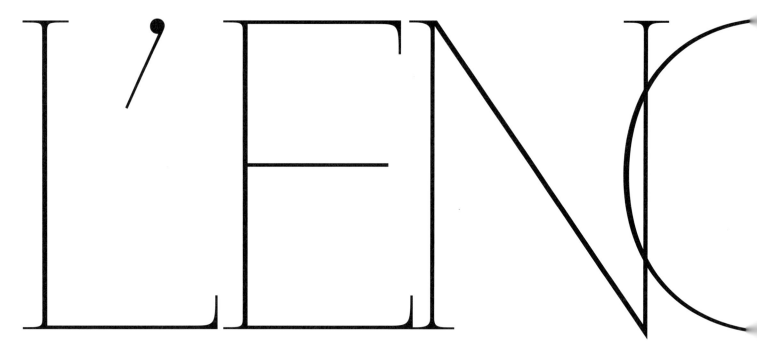

JAVE

Perpignan, quartier Saint-Jacques. Quelques ruelles coupées du pays. Un ghetto gitan. La première fois, **Jeanne Taris** s'y était juste perdue. Depuis, elle n'a cessé d'y retourner.

« Le quartier Saint-Jacques, c'est un lacis de ruelles dans le centre historique de Perpignan. Les Gitans habitent là depuis le XVe siècle. Le quartier était mixte jusqu'aux années 1980. Aujourd'hui, les habitants disent eux-mêmes que c'est une "réserve d'Indiens". »

L'enclave

« *La première fois que j'entre dans le quartier, les jeunes me défient du regard. Il vient d'y avoir une bataille au couteau. "Viens voir, y a du sang!" Une grosse femme me lance : "Viens prendre mon cul en photo, viens." Deux ans plus tard, on se fait la bise.* »

« La journée se passe sur une chaise qu'on déplace au rythme du soleil. Jeanne, en noir, est déjà arrière-arrière-grand-mère, à même pas 80 ans. Son mari tenait le quartier, en relation avec la mairie. Depuis sa mort, plus aucun chef ne fait l'unanimité. »

« Cette maman a privé son fils de son pistolet en plastique. Coups de pied, coups de poing... Elle ne se défend pas. Une seule fois, j'ai vu une mère tirer son fils par l'oreille. En général, elles subissent. »

L'enclave

« Les filles non mariées ont le droit de porter des minijupes. Les gens sont ultra conservateurs. Quand je vais voir les Gitans de Camargue, ils me demandent pourquoi je m'aventure dans ce quartier. Même pour eux, c'est la marge. »

«Cochon a 6 ans. Il a veillé dans la rue jusqu'à tard, s'est levé en fin de matinée, et s'offre une cigarette. De temps en temps, il va à l'école...»

«"Ça sent le gaz!" crie Chiwuawua au pompier qui répond: "Mais non, ça sent juste épouvantablement mauvais." Les interventions sont rares. Je n'ai jamais vu la police.»

L'enclave

« C'est le soir de Noël. Les femmes préparent le repas, les hommes boivent dehors. Le garçon dans les bras de son grand-père a une maladie génétique. Sa mère l'a eu à 13 ans et demi. »

« Très peu d'adultes travaillent. Ce sont les allocations qui leur permettent de survivre. Le reste, c'est de la débrouille, un peu de trafic. »

« *Les tenues de Noël sont faites sur mesure. Nadia, la grand-mère de Maykina, s'est saignée pour lui offrir ce boa rouge. Elle fait le tour du quartier pour montrer la petite aux voisins.* »

L'enclave

« Ce réveillon a lieu dans un garage. Les enceintes crachent en boucle les mêmes chansons. Les femmes dansent avec les enfants. Dès qu'elles s'assoient, elles ont l'air tristes. »

« Ange tient son petit frère de 3 ans. Il est très protecteur. Personne ne les empêche de boire de l'alcool. »

« Ces adolescentes de 11 ans préparent Noël depuis plusieurs semaines. Les filles choisissent leurs tenues avec attention, certaines se teignent les cheveux la veille dans la rue. »

L'enclave

« Je vais de soirée en soirée. Ici, on ne danse pas, la famille est en deuil. Alors on joue de la musique et on regarde la télé. »

« Ce bébé n'est pas le sien, mais dans le quartier, les fillettes se projettent très tôt avec un enfant. »

« Dans cet appartement, les enfants se retrouvent entre eux, sous la surveillance de quelques mamans. À 5 heures du matin, Oui-Oui danse encore. »

L'enclave

« *Noël est une fête de séduction. Si une fille tire la cravate d'un garçon, c'est qu'elle l'aime bien. S'il jette sa veste à ses pieds, c'est qu'il la veut.* »

L'enclave

« L'Église évangélique organise des cultes en plein air pour obliger les "brebis égarées" à écouter les sermons. Les femmes pleurent et implorent Dieu de sauver leur père, leur frère, leur mari de la drogue. »

« *Patcheco est un pasteur très ouvert. Les hommes se succèdent pour raconter comment Dieu les a sortis de la dépendance.* »

« *Avant, les Gitans de Saint-Jacques étaient catholiques, ils retrouvaient les autres communautés à l'occasion des grands pèlerinages. Maintenant, ils sont tous évangéliques. Ils refusent de vénérer la Vierge. Même les enfants disent : "On a Dieu et son fils, pourquoi on vénérerait une femme ?"* »

L'enclave

« Rentrée scolaire à la Miranda, une école publique fréquentée uniquement par les Gitans. Pour une fois, il y a du monde. Une maman me glisse que son objectif, c'est que son fils obtienne le permis. »

« Dans le frigo de cette dame, Jeanne, il n'y a que des vieilles poêles. Ses courses sont cachées ailleurs, sinon on vient les lui piquer. La nuit, elle pousse des meubles derrière sa porte. Ça lui donne une impression de sécurité. »

« Les femmes gitanes cachent leurs économies. Jeanne compte encore "en couleur" : elle dit qu'elle a "deux billets verts", "un billet bleu", etc. »

L'enclave

« Salomé a 16 ans. Elle va se marier avec Jason, le frère du mari de sa sœur. Elle ne le connaît pas bien. Il n'y aura pas de déclaration à la mairie. Ce n'est pas un acte officiel. »

« La cérémonie du mouchoir se déroule dans la chambre de Jeanne, avec une vingtaine de personnes. Une vieille femme va passer cinq fois un mouchoir dans le vagin de Salomé pour "toucher les pétales" de son hymen. Le tissu doit ressortir blanc. »

*« Salomé est en train de se changer.
Reconnue vierge, elle peut revêtir une
robe blanche. La famille patiente.
Sa sœur, au milieu, vient d'accoucher.
Le nouveau-né est toujours à la
maternité, il a des convulsions. »*

L'enclave

« *Le repas a lieu dans un restaurant chinois d'une zone industrielle de Perpignan. Buffet à volonté à 12 euros. Salomé n'a presque pas parlé à son mari depuis le début de la journée. À table, ils n'échangent que quelques mots.* »

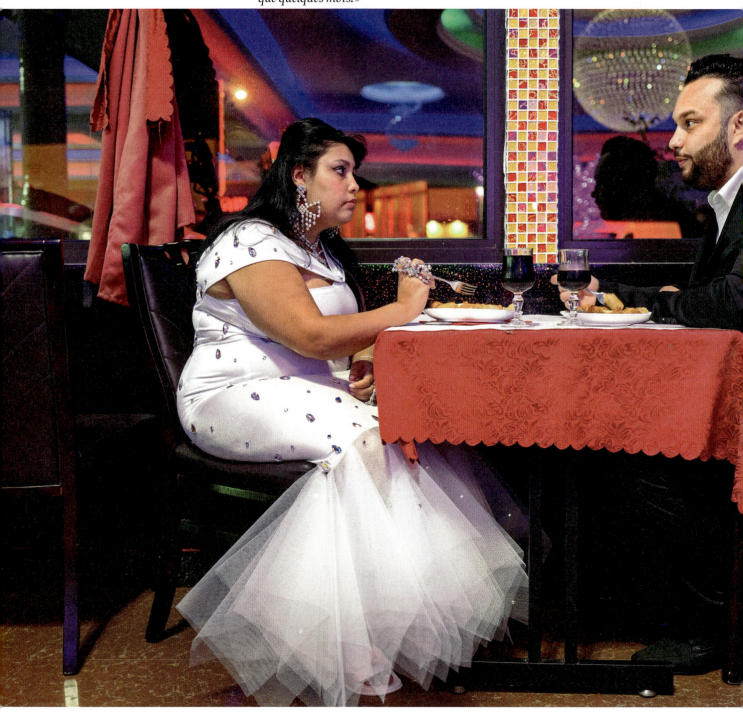

« Tout le monde se retrouve ensuite chez Jason, le marié, pour danser. Son oncle exhibe le mouchoir. Les parents de Salomé ne sont pas venus. Ils sont restés au quartier. »

« Salomé s'est à nouveau changée pour la fin de la soirée. Cette nuit, elle dormira chez elle. Elle emménagera le lendemain chez Jason et ses parents. »

L'enclave

« Les maisons s'écroulent. La mairie voudrait réhabiliter le quartier. Il faut imaginer qu'au bout de la rue c'est la fac de droit et la bibliothèque. Perpignan. La France. »

L'enclave

ÉCLAIRAGE

CLASSE GHETTO

C'est une école hors norme, au cœur du quartier Saint-Jacques de Perpignan. À la Miranda, les élèves sont tous gitans. Ils se frottent aux institutions de la République. Et vice versa.

Je mets un certain temps à le reconnaître, ce gamin bien mis, tout sourire, qui lève la main pour répondre à une question de l'instit. Mais c'est bien lui, Manoukian*, dit Oui-Oui. Le même qui buvait, fumait, à 6 ans à peine, sur les photos de Jeanne Taris. Il déchiffre le prénom de sa voisine, s'applique, veut emporter le morceau, un bout du cœur de sa maîtresse. Comme n'importe quel enfant. Et celle-ci l'encourage, « Ké-lya-nah, K, K », le félicite. Il y a de la normalité dans cette scène, quelque chose de banal, qui ferait presque oublier que Manoukian a raté le réveil ce matin, les yeux encore englués par les festivités de la veille. Il est arrivé à 14 heures, pleurnichant, et voulait continuer à jouer dans la rue avec Cochon, son cousin. Sa mère s'est plainte : « Il fait trop chaud ici m'dame. Il fait de l'asthme, il va s'étouffer là. » Quand Manoukian s'est calmé, la mère a tourné les talons en lançant : « Vous inquiétez pas. Je lui ai donné 3 euros, il va se tenir calme. » Et Mathilde, l'instit, a expliqué : « Il y a tout un tas de choses qu'on n'accepterait pas dans une école normale. Mais ici, il faut s'adapter. »

La Miranda, école de la République catapultée en plein ghetto gitan, est devenue par la force des choses un établissement 100 % homogène, peut-être le seul en France. « Même dans les cités, il y a des Arabes et des Noirs, c'est déjà une mixité », dit Mathilde. Elle n'est fréquentée que par des Gitans catalans, installés dans le quartier Saint-Jacques de Perpignan depuis le XVe siècle. Cette communauté de quelques milliers d'âmes, repliée sur elle-même, fracassée par l'arrivée de la drogue et du sida, a peu en commun avec les Gitans d'Arles, d'Agde ou de Montpellier. Alors les enfants de Saint-Jacques attirent les curieux. Des sociologues en font leur thèse, des psychologues leur terrain de recherche, des journalistes leur reportage. On a même vu des anthropologues, comme dans les pays exotiques.

Mais ce qui frappe, en ce matin d'été, c'est moins le folklore que ce qui lie la Miranda à toutes les autres écoles de France : une inscription « Liberté-Égalité-Fraternité » posée au-dessus d'une verrière immaculée, une cour où il fait bon jouer au foot et arroser le jardin potager. Au rez-de-chaussée, deux salles de classe pour les CM1-CM2. À l'étage, une bibliothèque et trois salles pour les CE1-CE2. Le CP est juste derrière, dans la maternelle. Pas un papier ne traîne, ça sent le produit ménager. On entend les gommes qui crissent, les coups de ciseaux et les ballons qui volent sous les préaux.

Il ne manque qu'une chose, en fait : des élèves. Les matins de juin, ils sont 15, sur 180 inscrits. L'après-midi, une cinquantaine. « Dans toutes les zones d'éducation prioritaires, on observe des couchers tardifs, note la directrice, Sandra Barrot. Ici, ils ne sont pas tardifs, ils sont... matinaux. » Un enfant de 5 ans peut jouer toute la nuit dans la rue. Depuis son bureau, la médiatrice, Djemila Allaouna, lance : « J'en ai qui se lèvent à 16 heures ! » Mathilde, dans sa classe : « David, l'un de mes meilleurs élèves, est venu me voir pour me dire qu'il avait accompagné son grand-père à une veillée funéraire. Il est rentré à 3 heures du matin. On est mardi. » L'été à Saint-Jacques, il fait trop chaud, on profite de la nuit pour sortir, se coucher tard. L'hiver, il fait trop froid, on ne quitte pas les maisons, et certainement pas pour aller à l'école. « Le petit Gitan est un morceau de sucre. Quand il pleut, il fond », s'amuse Vincent, enseignant. Restent septembre et octobre. « À l'année, on a 35 % de présence. Ce n'est pas glorieux », tranche la directrice. L'école a beau être obligatoire jusqu'à 16 ans, on a toujours mieux à faire. À côté des quelques parents qui misent sur l'éducation de leurs enfants, il y a tous ceux qui les déposent là le temps de faire la queue à la poste ou des courses au Perthus, à la frontière franco-espagnole, à 30 kilomètres de Perpignan.

Chaque matin, Djemila téléphone aux absents. Pas tous, ce serait trop long : juste ceux qu'elle a l'habitude de voir, ceux qu'elle attendait, en bonne vigie posée sur son phare, à l'entrée de la Miranda. Elle note dans un grand cahier coloré le résultat de ses conversations, garanties sans filtre : « A été au commissariat », « La maman pensait qu'on était encore en vacances », « Est trop angoissé », « La maman a avorté », « Est allé voir son père en prison », « S'est foulé le poignet », « La famille a été cambriolée », « A mal aux dents, mange trop de saucisson et de Nutella ».

La Miranda est venue remplacer en 2003 une autre école, Madame-Roland, située à la lisière de Saint-Jacques. En l'installant au cœur du quartier, la municipalité pensait peut-être favoriser la scolarisation des Gitans. C'était sans compter l'ingéniosité des « payous », comme les Gitans appellent ceux qui ne le sont pas, qui ont su jouer avec la carte scolaire et rejoindre des écoles « normales », laissant les petits seuls en leur ghetto. Djemila, embauchée l'année suivante, a troqué Maubeuge, dans le grand Nord, contre Perpignan, dans le grand Sud. « Faut être clair, ce qui m'a amenée ici, c'est le chômage. J'avais les mêmes clichés que tout le monde sur les Gitans. Pour moi, c'était des voleurs

« À l'année, on a 35 % de présence. Ce n'est pas glorieux. » L'école a beau être obligatoire jusqu'à 16 ans, on a toujours mieux à faire.

L'enclave

ÉCLAIRAGE

de poules qui jouaient de la musique. » Mais elle est restée et, depuis quatorze ans, elle fait le lien entre la Miranda et le quartier. Petits talons, tailleurs ou robes coupées droit, lunettes rectangulaires, la quinquagénaire incarne l'ordre, la règle. Elle flique, rassure. Elle connaît les fratries, ferme la porte à 8 h 45, pas 8 h 46, sent le tabac dans les cheveux, repère l'haleine gorgée de café et de RedBull. « Au début, pfiou ! j'étais Zorro, je voulais sauver les Gitans ! » Des tournées ont été mises en place pour aller chercher les élèves dans le quartier, on proposait des petits déjeuners aux enfants qui arrivaient le ventre vide. Les dispositifs ont disparu, ils coûtaient trop cher. « Avec l'absentéisme, les baguettes séchaient. »
Dans le bureau de la directrice, le téléphone sonne. Trois « postes à profils » sont ouverts pour la rentrée prochaine : un CV, une lettre de motivation et un entretien détermineront les embauches, non le classement par points de l'Éducation nationale. Au bout du fil, un candidat prend des renseignements. Sandra Barrot raccroche, excédée : « Il a dit : "Je connais la culture musicale des Gitans." Quel idiot ! Il ne sait pas que personne ne joue de la guitare ici ? Une fois, un autre m'a dit "Il faut sortir ces enfants du quartier pour qu'ils ne deviennent pas rempailleurs de chaises." Je vous jure. Saint-Jacques charrie tellement de clichés, c'est dingue ! »

Rien ne la prédisposait à s'installer à Perpignan. Quand il s'est agi de sélectionner son académie « sur Minitel, à l'époque », la Parisienne a choisi au pif les Pyrénées-Orientales : « Vous avouerez que c'est le plus joli nom ! » La région lui a plu, l'éducation prioritaire aussi. Elle a toujours évolué dans des quartiers difficiles. « C'est dans mon ADN. Ça va faire pompeux, mais je trouve ça "juste". » Quand elle compare avec ses précédents établissements, elle commence par les points positifs, comme ça, par tempérament : à la Miranda, pas de violence, peu de bagarres, pas d'agressivité, certainement pas d'armes dans l'enceinte de l'école. « Il y a des incivilités, mais pas de tensions physiques. Les mamans répugnent à entrer en conflit, elles privilégient des stratégies d'évitement. » Dans la foulée, elle parle d'« aménagement de la précarité ». D'enfants toujours propres, bien habillés, « choyés » voire « gâtés ». « Ils ont tous le dernier smartphone et la planche, là, comment ça s'appelle... l'overboard. Combien de bras ça m'a pété, ce truc ? » Djemila, mémoire vive, derrière la porte : « Oh, bien 3 ou 4 ! »
« Ici, il n'y a pas de familles laissées à elles-mêmes. Les Gitans ne

Parmi les enseignants, beaucoup commis d'office, comme les avocats des pauvres, n'ont pas choisi leur poste. « Ils ont passé la porte en pleurant. »

ÉCLAIRAGE

souffrent pas de l'exclusion, ils ploient sous le poids du clan, du manque de libre arbitre, c'est différent. La communauté empêche, mais elle protège aussi. Jamais ils ne laisseraient quelqu'un à la rue, par exemple. »

En arrivant à la Miranda, en 2015, la directrice voulait renforcer la « normalité » de cette école hors norme. « Voir Manoukian qui fume sur les photos, par exemple, ça m'embête. Car on ne montre que ça. Je sais qu'il fume, qu'il boit, mais je sais aussi qu'il sait être un élève futé, curieux d'apprendre. Parfois, dans les reportages, j'ai l'impression qu'on livre des bouts de viande en pâture : mais ce ne sont que des enfants ! Des brillants, des paresseux, des leaders, des timides… Des enfants comme les autres, avec leur culture, leur histoire, leur mode de fonctionnement. Je ne vois pas de différence avec les miens. »

Parmi les enseignants, beaucoup commis d'office, comme les avocats des pauvres, n'ont pas choisi leur poste. « Ils ont passé la porte en pleurant », raconte la directrice. Ils s'y sont faits, plusieurs avec plaisir, amadoués par le goût du défi relevé, de la victoire sur le quotidien. Discussion de cantine, un midi au soleil :
« La Miranda, c'est comme une classe unique dans un village de montagne. L'écart de niveau entre les élèves est énorme. Dans mon CM2, j'ai des enfants qui ont un niveau grande section de maternelle.
– L'avantage, c'est qu'on est adaptables. Une élève scolarisée directement en CE2 peut apprendre à lire. Ça, ça n'arrive pas ailleurs !
– Si tu regardes le temps passé en classe et les acquisitions, franchement… ce sont des génies !
– L'école existe depuis quinze ans. Y en a un qui a eu le bac. Un.
– Certains ont 100 mots de vocabulaire… Je n'en peux plus d'entendre "rassala" toute la journée, quand ils s'agacent qu'on leur demande de nommer quelque chose. Ça veut dire "Rah, tu m'emmerdes, ça, là !".
– Être une bonne mère à Saint-Jacques, c'est subvenir aux besoins immédiats de l'enfant. Du coup, on le dispense de nommer les choses et d'enrichir son vocabulaire, que ce soit en catalan ou en français… Je dis toujours que c'est comme si nous, on lisait le dictionnaire Vidal des médicaments. Non seulement on aurait du mal à déchiffrer car on découvrirait tous les noms, mais en plus on ne comprendrait rien.
– Ce que je voudrais, moi, c'est leur permettre d'affiner un esprit critique.
– C'est paradoxal, parce que la première chose qu'on fait, c'est leur demander de se couler dans le moule de l'école républicaine.
– Moi je voudrais qu'à l'école ils ne soient que des enfants. Au quartier, ils vivent tout en pleine face, les maladies, les enterrements, comme des adultes. L'autre jour, un mec a voulu se suicider place du Puig, il a mis le feu à sa voiture. Il a été sauvé mais les enfants ont entendu

L'enclave

ÉCLAIRAGE

les cris, c'était traumatisant. On doit pouvoir leur offrir un cadre rassurant.
– J'étouffe parfois ici. C'est une bulle. Même les sorties, il faut que ce soit tout près, sinon les enfants ne viennent pas.
– Ce matin, j'ai demandé à une élève pourquoi elle venait. "Parce que quand je saurai lire je ne serai plus obligée de me lever." J'ai pris ça pour un encouragement.
– J'ai commis l'erreur de leur demander ce qu'ils voulaient faire plus tard. Le plus ambitieux, c'était "caissière à Auchan". Ça m'a déprimé.
– Un documentaire a été tourné ici, l'année dernière. Quand je revois ma tête, l'énergie, la naïveté que j'avais… c'est une claque !
– Certaines élèves se prennent à rêver d'émancipation quand elles regardent les émissions de télé-réalité. Y a des filles en maillot de bain qui osent se défendre et répondre à leur mec. Si au moins ça peut les aider à dire stop…
– J'ai une petite qui a du talent. Mais son père veut la retirer de l'école pour qu'elle soit femme au foyer. On négocie… Je crois que je vais la faire redoubler pour qu'elle reste un peu. »

Lorsque se referment les portes de la Miranda, une poignée d'enfants s'éparpillent en courant et les instits rentrent chez eux. Ils n'habitent pas très loin, mais c'est déjà ailleurs, le monde des payous. Et au cocon de l'école répond le ghetto du quartier. Heure après heure, Saint-Jacques s'anime. Les oiseaux de nuit s'éveillent. Le bruit gonfle, crescendo, jusqu'à ce qu'un déluge de vie s'abatte sur les trottoirs. Et ça tchatche, et ça se tape. Et ça court, et ça joue. Et ça boit, et ça se pique. Je reconnais là aussi certains gosses des photos de Jeanne Taris. Gabriel* et son petit frère. Aucun n'est scolarisé. Cochon, avec ses deux cigarettes coincées derrière les oreilles. Les bébés dans les poussettes, morve au nez et bouteilles de coca. Femmes et enfants d'un côté, hommes de l'autre. Place du Puig, ils vendent et achètent de la drogue « à l'ancienne », héroïne, LSD. Jusqu'à tard, si tard, qu'on ne parle plus de nuits mais de matins.

L'aube endort les gueules de bois. Les déchets recouvrent le lacis des ruelles : des couches sales, des sachets de chips, des jouets, des emballages plastique, des bières, des queues de fraises et des peaux de patates. Pas un bruit ne vient troubler la quiétude du petit matin : 8 h 30, c'est l'heure des braves. Le quartier est désert, les maisons ronflent. Devant l'école, seule dans ce grand silence, une grand-mère patiente. C'est elle qui dépose son petit-fils, la mère « aime trop dormir ». Mais le garçon est malade depuis quelques jours, elle a besoin d'un certificat médical pour justifier son absence, et elle ne sait plus depuis « quel numéro », quelle date, il n'est pas venu. Djemila court chercher son cahier magique pour lui répondre.

Elle dit : « À Perpignan, les médecins, c'est une vraie mafia. J'ai déjà vu un

ÉCLAIRAGE

« *J'ai une petite qui a du talent. Mais son père veut la retirer de l'école pour qu'elle soit femme au foyer. On négocie… Je crois que je vais la faire redoubler pour qu'elle reste un peu.* »

certificat indiquant : "Ne peut pas se lever le matin entre septembre et juin." Je sais très bien comment les Gitans font pour obtenir ce genre de papier : ils vont chez le médecin à 40, ils brament, et le docteur a tellement peur de perdre sa clientèle qu'il signe tout et n'importe quoi ! » Les enfants de la Miranda ont un rapport complètement décomplexé aux médicaments : ils ont des « angoisses », prennent des anxiolytiques, des hormones de croissance, des somnifères…

À peine attablée, une petite fille s'épanche. Sa grande sœur, en CM2, va être déscolarisée à la rentrée. Ivana* a peur de subir le même sort : « Moi je veux devenir vétérinaire ! J'ai déjà acheté des peluches, je m'entraîne. » Elle parle vite, comme une enfant de 8 ans, de trottinette, de lecteur DVD, d'histoires qu'elle lit à sa grande sœur, de son père qui apprend à son frère à se battre, « moi je lui dis, écoute pas, sinon tu vas être méchant comme lui », des copines française et arabe qu'elle a rencontrées à la chorale, « ma famille se trompe, elles sont gentilles », des filles du quartier qui se moquent d'elle parce qu'elle va à l'école, « je leur dis quand tu seras grande et vieille tu devras aller en maternelle, tant pis pour toi », et de son père, toujours, qui croit qu'au collège « c'est que des sauvages », « alors que moi j'y ai été, et je me suis régalée ». Le collège, c'est le triangle des Bermudes, le trou noir qui aspire même les plus motivés. Ézéchias* est un bon élève de CM2. Les enseignants et son père l'encouragent à poursuivre en sixième. Mais l'enfant préférerait intégrer la « classe gitane » de Jean-Moulin. Pensée dans la foulée de la Miranda pour favoriser les inscriptions des enfants du quartier Saint-Jacques, elle est bien sûr considérée comme la pire de l'établissement. « La classe normale ça me fait peur. Je veux être avec mes amis. »

Samira l'écoute en secouant la tête. Elle est animatrice dans la ludothèque qui jouxte l'école. « Tout ça c'est de notre faute. On ne les a pas assez bien préparés au monde du dehors. » Avec ses collègues, elle essaie d'ouvrir le lieu vers l'extérieur, d'organiser des sorties. Sur une photo, tiens, je reconnais Manoukian, toujours lui. Au premier plan avec son petit sac à dos, entouré de copains et d'un mono, il fait une grimace. Comme n'importe quel gosse. « Un des seuls Gitans que je connais dans une classe normale, c'est Marco, le fils de Magda. Viens, Magda ! »

Magda vit à Saint-Jacques, mais elle est d'origine portugaise. Elle parle comme elle vit, vite et fort. « Je suis la seule Gitane heureuse du quartier. J'ai eu une enfance chaotique, et une vie

L'enclave

ÉCLAIRAGE

de femme de merde, alors je me suis dit, quand je quitte mon mari, je fais la révolution. Divorcer, dans le quartier, attention je vais être vulgaire, ça veut dire que tout le monde va te sauter dessus. Personne ne me parlait plus. Les femmes m'évitaient, elles pensaient que j'allais coucher avec leur mari. Maintenant tu vois elles sont jalouses. Ce matin encore au marché y en a une qui m'a arrêtée : "Comme tu as changé ! Comme tu as l'air heureuse ! J'aimerais bien faire comme toi." Après le divorce, direct j'ai mis mon fils dans une classe normale. La Miranda, j'en voulais pas. Quand tu regardes les photos d'avant, y avait des petites bourgeoises cathos, des Noirs… Mais chez les Gitans je vais vous dire, y a pas la mentalité du "Tu seras un avocat, mon fils". Mes propres sœurs elles ne comprennent pas pourquoi Marco va à l'école. Moi je dis qu'un garçon ça doit travailler. S'il veut s'acheter un jeu ou une paire de baskets, c'est à lui de se l'offrir. Là, à 16 ans, il va passer son CAP tôlier. »

Samira et Magda sont fières d'être amies : « Ça prouve qu'une Gitane et une Maghrébine c'est possible », dans un quartier où chaque communauté vit séparément. Chacun ses écoles, chacun ses rues, chacun ses commerces. Magda : « La plaie des Gitans, c'est le clientélisme. Ils représentent 10 % de l'électorat et ils votent FN ces couillons, parce qu'ils pensent qu'ils vont récupérer les boutiques des Arabes. Ils comprennent pas qu'ils vont être les premiers à dégager. » Elle dit que le quartier manque d'associations. Le centre social, « c'est pour les photocopies ». Elle secoue le petit Ézéchias : « Dans la vie, faut un métier. Tu veux faire quoi ?
– Je voulais m'occuper du courrier, même si c'est un métier de merde, je sais. Mais mon père m'a dit : "S'ils te licencient parce que t'es pas motivé, tu vas faire quoi ? Vaut mieux un métier utile dans le quartier, comme mécanicien." Alors j'hésite… »
À la sortie de la ludothèque, je prends rendez-vous avec le père, l'un des seuls hommes qui va chercher son fils à la sortie de l'école. Le lendemain, Djemila vient me trouver : « Le papa d'Ézéchias me fait dire qu'il ne pourra honorer son rendez-vous tout à l'heure. Il doit couper les poils de son chien… Ne riez pas ! »

Je finis par l'attraper. Marcel* est un peu gêné d'être assis à côté d'une femme en public. « Chez nous, ça ne se fait pas. » Inscrit jusqu'en troisième dans un collège ordinaire, il est en train de passer un certificat d'agent d'entretien. Il a connu un quartier mélangé, ouvert, brassant des Espagnols, des Portugais, des

« Le papa d'Ézéchias me fait dire qu'il ne pourra honorer son rendez-vous tout à l'heure. Il doit couper les poils de son chien… Ne riez pas ! »

*Deux fois par an,
le XXIe siècle en images*

J'aime

JE M'ABONNE POUR 1 AN

Au sein de la rédaction, Muriel s'occupe exclusivement des abonnés : **muriel@6mois.fr**

Également disponible sur le site **www.6mois.fr** qui offre un paiement sécurisé par Internet. Vos données sont strictement personnelles ; les fichiers ne sont ni loués ni vendus à des tiers.

*Deux fois par an,
le XXIe siècle en images*

J'aime beaucoup

JE M'ABONNE POUR 2 ANS

Au sein de la rédaction, Muriel s'occupe exclusivement des abonnés : **muriel@6mois.fr**

Également disponible sur le site **www.6mois.fr** qui offre un paiement sécurisé par Internet. Vos données sont strictement personnelles ; les fichiers ne sont ni loués ni vendus à des tiers.

*Deux fois par an,
le XXIe siècle en images*

J'aime avec passion

JE M'ABONNE PAR PRÉLÈVEMENT AUTOMATIQUE

Au sein de la rédaction, Muriel s'occupe exclusivement des abonnés : **muriel@6mois.fr**

Également disponible sur le site **www.6mois.fr** qui offre un paiement sécurisé par Internet. Vos données sont strictement personnelles ; les fichiers ne sont ni loués ni vendus à des tiers.

*Deux fois par an,
le XXIe siècle en images*

J'aime à la folie

J'ABONNE QUELQU'UN EN CADEAU

Au sein de la rédaction, Muriel s'occupe exclusivement des abonnés : **muriel@6mois.fr**

Également disponible sur le site **www.6mois.fr** qui offre un paiement sécurisé par Internet. Vos données sont strictement personnelles ; les fichiers ne sont ni loués ni vendus à des tiers.

Oui, *je m'abonne à 6Mois pour deux ans, soit 4 numéros.*

À partir du n°____

○ M. ○ Mme
Prénom _____ Nom _____
Adresse _____
_____
Code postal ⎵⎵⎵⎵⎵ Ville _____
Pays _____
E-mail _____

○ France métropolitaine, Dom-Tom, **102 €** port compris.
○ Zone euro et Suisse, **122 €** port compris.
○ Reste du monde, **142 €** port compris.

Je joins un chèque du montant de l'abonnement à l'ordre de QUATRE et je renvoie l'ensemble à :
6Mois – Service des abonnements, 36, bd de la Bastille, 75012 Paris

Date _____ Signature

Oui, *je m'abonne à 6Mois pour un an, soit 2 numéros.*

À partir du n°____

○ M. ○ Mme
Prénom _____ Nom _____
Adresse _____
_____
Code postal ⎵⎵⎵⎵⎵ Ville _____
Pays _____
E-mail _____

○ France métropolitaine, Dom-Tom, **51 €** port compris.
○ Zone euro et Suisse, **61 €** port compris.
○ Reste du monde, **71 €** port compris.

Je joins un chèque du montant de l'abonnement à l'ordre de QUATRE et je renvoie l'ensemble à :
6Mois – Service des abonnements, 36, bd de la Bastille, 75012 Paris

Date _____ Signature

Oui, *j'abonne quelqu'un d'autre à 6Mois en cadeau pour 1 an (2 ex.) ou 2 ans (4 ex.).*

À partir du n°____

Je donne les coordonnées du destinataire de l'abonnement.
○ M. ○ Mme
Prénom _____ Nom _____
Adresse _____
_____
Code postal ⎵⎵⎵⎵⎵ Ville _____
Pays _____
E-mail _____

Je donne mes coordonnées pour être joint en cas de problème.
○ M. ○ Mme
Prénom _____ Nom _____
E-mail _____

Pour 1 an
○ France métropolitaine, Dom-Tom, **51 €** port compris.
○ Zone euro et Suisse, **61 €** port compris.
○ Reste du monde, **71 €** port compris.

Pour 2 ans
○ France métropolitaine, Dom-Tom, **102 €** port compris.
○ Zone euro et Suisse, **122 €** port compris.
○ Reste du monde, **142 €** port compris.

Je joins un chèque du montant de l'abonnement à l'ordre de QUATRE et je renvoie l'ensemble à :
6Mois – Service des abonnements, 36, bd de la Bastille, 75012 Paris

Date _____ Signature

Oui, *je m'abonne à 6Mois par prélèvement automatique.*

À partir du n°____

○ France métrop., Dom-Tom, **25,50 € par semestre,** port compris.
○ Zone euro et Suisse, **30,50 € par semestre,** port compris.
○ Reste du monde, **35,50 € par semestre,** port compris.

Autorisation de prélèvement
J'autorise l'établissement teneur de mon compte à effectuer sur ce dernier, si la situation le permet, les prélèvements ordonnés par QUATRE. En cas de litige, je pourrais faire arrêter l'exécution des prélèvements sur simple demande adressée à l'établissement teneur de mon compte.

Titulaire du compte à débiter
Prénom _____ Nom _____
Adresse _____
Code postal ⎵⎵⎵⎵⎵ Ville _____ Pays _____
E-mail ou téléphone _____

Établissement titulaire du compte à débiter
Document réservé aux titulaires d'un compte domicilié en France.
Établissement _____ Adresse _____
Code postal ⎵⎵⎵⎵⎵ Ville _____

Désignation du compte à débiter
Code banque ⎵⎵⎵⎵⎵ Code guichet ⎵⎵⎵⎵⎵
N° de compte ⎵⎵⎵⎵⎵⎵⎵⎵⎵⎵⎵ Clé RIB ⎵⎵

Organisme créancier
QUATRE SAS – 36, boulevard de la Bastille, 75012 Paris

Date _____ Signature

*Merci de joindre impérativement **un relevé d'identité bancaire (RIB)** à ce formulaire d'abonnement rempli.*

ÉCLAIRAGE

Juifs, des Maghrébins... « Je peux comprendre que maintenant des gens aient peur de s'inscrire à la Miranda. Mais c'est dommage. Ça handicape la relation de nos enfants avec la société, et de la société avec eux. Ça crée des craintes mutuelles, si on peut dire. » C'est un père « strict », selon les critères du quartier, qui n'hésite pas à éteindre la télé de force quand son fils joue trop aux jeux vidéos. Marcel dit que quand son gamin ira dans les bars, il s'assiéra dans le bar d'à côté pour le surveiller. « Je sais que c'est pour son bien. » Le fil est ténu. L'école, le quartier tiennent grâce à ces parents qui font des ponts entre Gitans et payous. Maria*, maman de bonnes élèves de 8 et 11 ans, dit que pour éviter l'alcool, la drogue, il faut « un père autoritaire » qui empêche les gosses de traîner dehors. Elle ne réalise pas qu'une mère éduquée, ça fait beaucoup aussi. Elle a été à l'école jusqu'à 18 ans, son mari ne sait ni lire ni écrire. « Les Gitans n'aiment pas la Miranda, parce qu'ils ont l'impression d'être des bêtes de foire. Moi j'aime bien parce que ça se met à notre niveau. Dans d'autres écoles, ils ne se cassent pas la tête à faire du social. » Maria emmène ses filles au Perthus, au square, à la plage, au zoo de Barcelone... D'autres aiment rester clouées ici, « pas moi ». Le soir, elle oblige ses filles à se coucher à 22 heures. Quand je lui dis que c'est rare, à Saint-Jacques, elle dit : « Faut arrêter les clichés. Ce n'est pas parce qu'on est Gitans qu'on est tous pareils. »

Elle se plaint du manque de lien entre l'école et le quartier, et je lui demande si elle, avec son histoire, ses compétences, ne pourrait pas faire quelque chose : « Impossible. Un Gitan ne peut pas commander la maison d'un autre Gitan. Un Gitan ne se mêle pas de la vie des autres. Je vais vous dire, la seule chose qui motiverait les parents, ce serait de les pénaliser. Si on coupe la CAF, ils mettront les enfants à l'école. » Pour l'instant, les sanctions sont rares. Quand les absences deviennent vraiment, vraiment trop nombreuses, la Miranda organise un rendez-vous de présignalement, puis envoie un courrier aux familles, puis seulement signale l'élève à l'inspection. C'est au rectorat ensuite de saisir le procureur, qui peut décider d'une amende. En bonne mère courage, Louise* a tenu à scolariser ses 3 enfants, « tous les jours, qu'il pleuve ou qu'il vente », dit la directrice. Mais dans l'intimité du foyer, elle a perdu la bataille. Son mari déscolarisera l'aînée à la rentrée. En ce début de mois de juin, Kelyah* ne se donne même plus la peine de venir. Elle vient récupérer son cahier. Derrière la porte en verre de la Miranda, Vincent, son instit, a du mal à décoller •

Ces prénoms ont été modifiés.

Marion Quillard

L'enclave

POUR EN SAVOIR PLUS

Des mots, des gens

Bohémiens : ancienne appellation, abandonnée progressivement au XIXe siècle.

Gens du voyage : ce n'est pas une population mais un statut, une catégorie administrative, définie par la loi du 3 janvier 1969, désignant les nomades sur le territoire français. Des forains français, qui n'ont rien à voir avec les Roms, sont des gens du voyage.

Gitans ou Calé : personnes issues de la péninsule ibérique qui parlent le calo, une variante du romani. Poussées par la misère et la persécution, certaines se sont installées dans le sud de la France.

Manouches ou Sinti : groupes issus des pays germaniques, installés en Allemagne et en Alsace notamment.

Roms : groupes issus d'Europe centrale et orientale.

Romanichels : désignation populaire issue de l'expression *romani chavé*, « les enfants des Roms », en romani.

Tsiganes : appellation générique à la fois savante et populaire. Elle est parfois utilisée pour nommer l'ensemble des Roms et rappeler leur origine commune. Sinon, elle appréhende les Roms d'Europe de l'Est sous l'angle culturel (par exemple, « la musique tsigane »).

Gitans de Perpignan

Les Gitans catalans de Perpignan ont longtemps travaillé dans l'univers du cheval : soins, maquignonnage, travaux du cuir pour la sellerie, les bottes ou les vêtements. Avec la disparition de ces métiers traditionnels, ils sont devenus dépendants des aides sociales et ont dû se sédentariser dans les années 1950. Ils ont choisi Saint-Jacques, cœur de ville depuis le Moyen Âge, avec sa superbe église, ses maraîchers et ses tisserands, connu aussi comme « le quartier des infâmes », des lépreux, des prostituées et des juifs. Saint-Jacques avait déjà vécu au rythme des immigrations espagnole, portugaise, harkie et pied-noire. Place du Puig (qui signifie « sommet » en catalan), ils se sont installés dans une ancienne caserne désaffectée où, pour certains, ils habitent encore. D'autres ont acheté ou loué de vieilles maisons, déjà insalubres. Le quartier est désormais habité par quelques milliers de Gitans catalans et, dans ses « lisières », par des Maghrébins et des *payous*, ou *paios*, terme utilisé par les Gitans pour désigner ceux qui sont attachés ou asservis aux lieux.

Vingt ans avec les Gorgan

Mathieu Pernot rencontre les Gorgan, une famille rom installée en France depuis plus d'un siècle, à Arles, en 1995, alors qu'il étudie à l'École nationale supérieure de la photographie. Les parents, Johny et Ninaï, vivent dans une caravane avec leurs sept enfants. *« Je ne savais rien de cette communauté. J'ai réalisé mes premières images en noir et blanc, m'inscrivant dans une tradition documentaire face à eux qui m'étaient encore étrangers. »* À son travail, il agrège des archives et des photomatons pris dans la gare de fret avec les enfants. Le récit s'enrichit, la rencontre aussi. En 2001, Mathieu Pernot déménage à Paris. Il s'éloigne des Gorgan, et ne les retrouve qu'en 2012, *« comme si l'on s'était quittés la veille »*. Ils lui offrent des images prises pendant ses années d'absence. *« J'ai vécu à leur côté une expérience qui dépasse celle de la photographie. J'ai assisté à la naissance d'un enfant. J'ai aussi veillé le corps de celui que j'avais vu grandir, Rocky, mort brutalement à l'âge de 30 ans. »* Sa monographie, sobrement intitulée *Les Gorgan, 1995-2015* (éd. Xavier Barral, 2017), est plus qu'un travail documentaire : c'est un album de famille, dont il ferait partie.

Johny et Vanessa, à Avignon, en 1997.

À VOIR À LIRE

Saint-Jacques en quelques chiffres

2 300 €
C'est le revenu médian annuel d'un habitant du quartier, hors prestations sociales. Globalement, Perpignan est une ville pauvre, avec un revenu annuel médian de 15 820 euros (contre 20 540 pour la moyenne française) et un taux de pauvreté de 31,6 %.

70 %
C'est le taux de chômage des 15-64 ans à Saint-Jacques. Il est de 25,6 % dans l'ensemble de Perpignan.

85 %
C'est la part des logements « potentiellement indignes », selon la mairie.

10 %
C'est (environ) la part de la population gitane de Perpignan, qu'elle habite Saint-Jacques ou les quartiers périphériques. Son vote peut faire basculer la mairie, d'où un système clientéliste, une « paix sociale » acquise depuis plusieurs dizaines d'années grâce à des « faveurs » (le sociologue Alain Tarrius parle de scooters et de réfrigérateurs distribués avant les élections).

Polisse
film de Maïwenn (2011)
Dans cette fiction sur le quotidien de la brigade de protection des mineurs, Maïwenn raconte autant l'enfance en danger que ce qui lie les policiers entre eux et les aide à surmonter l'horreur.

L'Amie prodigieuse
d'Elena Ferrante
(éd. Folio, 2016)
Dans le Naples des années 1950, Lenù et Lila sont réunies par l'école et par leur avidité de connaissances. Mais le quartier les rattrape vite. Arriveront-elles à dépasser l'horizon borné de leurs parents ?

Grâce et dénuement
d'Alice Ferney (éd. J'ai lu, 2002)
Une bibliothécaire se prend d'amitié pour une famille gitane. Elle parvient à amadouer la mère, une veuve qui règne sur cinq fils et une palanquée de petits-enfants. À l'aide des mots, des livres, elle mène avec eux un combat contre la fatalité.

DANS LES COULISSES

JEANNE TARIS

Il lui en a fallu du temps pour oser se dire photographe. Pourtant, Jeanne Taris a pris cette image à 17 ans, en 1976. Sur la plage, elle a vu ces Gitans andalous, nus comme des vers, et elle a shooté. Puis le temps a passé, son ventre s'est arrondi, quatre fois, et elle s'est occupée de ses enfants, en Gironde. Une vie de famille « normale », et des photos comme d'autres font de la gym suédoise ou du jardinage. *« Je ne triais rien, je n'imprimais rien et, surtout, je ne montrais rien. »* Et puis, en 2015, elle reçoit une pub : la marque Leica organise un atelier avec Olivier Laban-Mattei, photojournaliste reconnu. Elle hésite, mais s'inscrit quand même. À l'été, elle retourne dans la région de son adolescence, l'Andalousie, et commence une immersion dans un village gitan. Du noir et blanc. Des gros plans. Jeanne Taris n'a pas peur de ces hommes rudes, baraqués, et de la violence de ceux qui n'ont rien d'autre pour se défendre. Elle ne voit que la lumière et la beauté des corps. Ses photos circulent sur les réseaux sociaux. En septembre 2016, elle les montre à Visa pour l'image, le festival mondial du photojournalisme de Perpignan. Comme beaucoup, elle visite le quartier gitan de Saint-Jacques, fait quelques clichés. Est aspirée. Y revient, encore et encore. Se fait adopter par deux vieilles, Jeanne et Marceline, qui lui offrent le gîte et le couvert dès qu'elle s'invite à Perpignan. À Noël, ses quatre oisillons ayant bien grandi, la maison est vide : Jeanne prend sa bagnole et file à Saint-Jacques. Elle est là pour les mariages, les décès, les maisons insalubres détruites, le quotidien, dans les rues, dans les maisons. Elle parle comme eux, on ne la traite pas de *payou*. Ses images sont publiées dans le magazine *Polka* en même temps que l'édition 2017 de Visa pour l'image. Tollé à la mairie. On lui dit qu'à cause d'elle le quartier est à feu et à sang. Jeanne Taris va voir. Avant de monter dans les ruelles, elle se pose au café de la place Cassanyes, histoire de jauger l'animosité envers elle. Un mec s'assoit et lui dit que sa bombe lacrymogène dépasse de sa poche. *« Ça sert à rien ici. Vous n'en aurez pas besoin. »*

L'enclave

Le monde de…

Nicolas Henry

Mises en songes

Il aime recueillir la parole des communautés qu'il croise à travers le monde et bricoler avec elles. Ses décors éphémères racontent leurs rêves, leurs défis, leurs traditions.

Le monde de... ● Nicolas Henry

Ranohira, Madagascar
« Ici, les Indiens remportent le combat et les cow-boys meurent en riant. Ronan, notre chauffeur, déteste les westerns américains, symboles selon lui de la colonisation. Il a lancé le débat avec des jeunes. Deux jours plus tard, cette mise en scène prenait forme, avec des coiffes en sacs plastique et des habits en carton! »

Il voit la cabane *« comme un théâtre autour du monde »*. Un drap se transforme en océan, un oreiller en canoë à la Robinson Crusoé, un rouleau de carton en fusée. Nicolas Henry voyage autant dans sa tête qu'aux quatre coins de la planète. Quand il vous parle de ses mondes imaginaires, vous avez l'impression qu'il vient de fumer un joint. Ce qui le fait planer, ce n'est pas l'herbe, mais l'euphorie de fabriquer des maisons dingues, curieuses, extraordinaires, de créer de la poésie à partir de petits riens – des cordes, du papier, des bibelots, des morceaux de tissu. Son grand-père lui a appris à manier le bois, sa grand-mère l'art de coudre, de broder et de tricoter. Mamie Geneviève ne comprend pas comment on peut acheter un cadeau en magasin. Dans son salon avec vue sur la forêt de Rambouillet, elle dit à Nicolas : *« Le temps et la pensée que l'on a consacrés à l'autre en lui fabriquant quelque chose, c'est ça la véritable attention. »* C'est avec elle que Nicolas met en scène son premier *« théâtre »* photographique. Et puisque Geneviève fabrique tout de ses mains, le petit-fils l'installe au milieu de ses œuvres : napperons, coussins brodés, rideaux, compositions florales, vêtements de poupée. Il la fait poser assise sur un fauteuil comme sur un trône : une reine en son royaume.

Chemins de traverse
Diplômé des Beaux-Arts de Paris et de ceux de Cergy, Nicolas Henry aime mêler la photo, la vidéo, les arts plastiques et la scénographie, qu'il pratique pour le théâtre de rue. En 2006, il intègre l'équipe de « 6 milliards d'autres », le projet titanesque de Yann Arthus-Bertrand, qui rassemble 5 000 portraits de citoyens de 75 pays. Au cours des voyages, il prend des chemins de traverse pour recueillir la parole de grands-parents. L'image de mamie Geneviève lui sert de passeport. Collée dans ses carnets, au milieu des croquis, elle lui permet de faire comprendre aux aïeuls qu'il aimerait construire avec eux un *« truc »*, un *« machin »*, comme il dit : une cabane comme miroir de leur histoire. Un tour du monde suivra. En

Geneviève, sa mamie, pose pour lui.

Équateur, au pied d'un des derniers grands arbres de la forêt amazonienne, Maria Celia Grefa Aguinda parle des traditions de son peuple, les Quechuas, des esprits, des plantes qui permettent de communiquer avec la nature et de la disparition des arbres. Sa cabane est faite de feuilles multicolores. En Australie, Dymphan Van Rysbergen, grand-mère extravagante aux cheveux bond platine, pose au milieu de sa collection de poupées de porcelaine, dans son univers kitsch qu'elle trouve *« beau comme un arc-en-ciel »*.
Ces portraits sont réunis dans *Les Cabanes de nos grands-parents*, un livre publié en 2011 chez Actes Sud. Mais Nicolas Henry n'a pas fini de jouer. Il imagine des œuvres éphémères de plus en plus grandes.

Dans son tour du monde suivant, ses cabanes bricolées mettent en scène l'histoire des communautés : une famille, un groupe ou une tribu assemblent des objets pour incarner un rêve, une tradition, un héritage, un mythe local, une utopie, un défi. Une troupe d'Indiens remportent la guerre contre les cow-boys ; deux familles, l'une chrétienne, l'autre musulmane, construisent ensemble la première mosquée-église… Jusqu'à 40 personnes participent à la fabrication de ces installations géantes, qui deviennent l'attraction du village, la cabane à palabres. *« J'aime quand la cabane se transforme en scène, qu'il se crée une parole, un débat. Une fois, au Népal, on a accroché des dizaines de saris rouges à un arbre. L'arbre se trouvait entre deux villages : les bouddhistes ont descendu la route, les hindous l'ont montée, et tout le monde s'est mis à papoter. »*
Chaque image est une épopée : Nicolas Henry voyage avec de la lumière et des trépieds, 300 kilos de matériel, comme pour un tournage de film, et un gros sac de cordes pour fixer les objets sans les abîmer – il n'utilise jamais de clous ni de vis. Avec lui : sa compagne, la photographe Floriane de Lassée, un ou deux assistants, un guide-traducteur et un chauffeur. Dans chaque village, la petite troupe embauche 5 ou 6 habitants, pour construire les décors. Nicolas baroude désormais en famille, avec ses deux jeunes enfants. Il vient de fêter ses 40 ans. Après avoir soufflé ses bougies, il a invité ses amis à danser un slow sur un tube de son adolescence, *Hotel California*. Pour peu, il leur demandait de construire une grande cabane d'anniversaire •

Léna Mauger

Le monde de... ● Nicolas Henry

Lac Kivu, Rwanda
« Nous avons rencontré par hasard ces orphelins du génocide des Tutsis de 1994. Ils vivent dans un hangar au bord de l'eau, avec vue sur un bateau échoué. »

Wumu, Chine
« Cette classe compte 23 garçons et 2 filles. Avec le développement des échographies et des avortements sélectifs, les naissances de garçons sont majoritaires. Ici, il y a ceux qui n'ont pas de sœur, ceux qui n'auront pas de femmes. »

Istanbul, Turquie
« *Riyam, assise au centre, cheveux rasés, prendra dans la nuit un bateau clandestin pour la Grèce. Cette tente matérialise l'exil de 5 millions de Syriens, dont 3 millions en Turquie. Depuis, Riyam a obtenu des papiers en Suède.* »

Le monde de... ● **Nicolas Henry**

Istanbul, Turquie
« Avec Moussa, un gardien d'immeuble, on découvre derrière une porte un amoncellement de registres notariés. Un dimanche, on déménage tout. La vie de milliers de gens est consignée : propriété, descendance, testaments... Cela rappelle à Moussa sa déception : il n'a pas pu obtenir le statut de réfugié en France. »

Shashemene, Éthiopie

« Cette famille est venue de Montreuil, près de Paris, pour ouvrir un petit hôtel sur la terre des rastafariens, à 250 kilomètres d'Addis-Abeba. Depuis que Hailé Sélassié, dernier empereur d'Éthiopie, a offert en 1948 des terres aux descendants d'esclaves, des rastas ont immigré de tous les continents. »

Le monde de... ● **Nicolas Henry**

Lac Kivu, Rwanda
« *Elles sont hutus, tutsis, chrétiennes ou musulmanes, et rêvent que leurs couleurs flottent longtemps dans le ciel, unies comme leur communauté de femmes. Pendant le génocide, les hommes de leur village ont été massacrés. Un grand nombre de femmes ont été violées, beaucoup ont contracté le VIH.* »

Le monde de... ● Nicolas Henry

Isla del Sol, Bolivie
« Cette île bolivienne sur le lac Titicaca est un lieu sacré pour les Quechuas et les Aymaras. Pour eux, c'est ici qu'est né le soleil. Désormais, ses rives sont jonchées de détritus. Ces agriculteurs en ont collecté pour fabriquer une voiture. »

Ehime, Japon
« Après avoir a été mannequin à Paris, New York et Tokyo, Yukari s'est sentie comme un arbre sans racines. Elle vit maintenant dans le village de sa grand-mère et apprend la technique du "washi", un papier destiné à la confection des paravents. Quand fleurissent les cerisiers, elle attend son ami Yusuke, qui vient par la rivière en glissant sur sa planche. »

Outjo, Namibie
« En exode depuis des générations, les Himbas vont d'un campement à un autre à travers les déserts du pays. Les hommes doivent maintenir un feu sacré allumé, symbole de la continuité entre le monde des morts et celui des vivants. Les Himbas pensent qu'un jour l'horloge du temps apparaîtra dans les cendres, et que la transmission de leur culture sera perdue pour les générations futures. »

Le monde de... ● Nicolas Henry

Saramaca, Kourou, Guyane
« Les "Neg'marrons" descendent des esclaves échappés des plantations de canne à sucre et de café. Sans papiers et chassés de la forêt amazonienne, ils s'entassent dans des campements comme Saramaca, créé pour la construction du village spatial de Kourou. Quelques jours plus tôt, un incendie a ravagé les baraquements de ces familles. »

Le monde de... ● *Nicolas Henry*

Outjo, Namibie
« Pendant la colonisation allemande [1884-1915], la folie d'un général a failli anéantir les Héréros : 80 % de ce peuple a disparu. En mémoire des massacres et des révoltes, des hommes revêtent des costumes de soldats allemands, les femmes, des robes victoriennes semblables à celles des colonisatrices. »

Photobiographie

L'extra terrestre

À 17 ans, Elon Musk débarquait au Canada sans le sou. À près de 50 ans, il envoie des fusées dans l'espace, construit les voitures du futur, mise sur l'énergie solaire. Jusqu'où cet entrepreneur va-t-il aller?
Par Patrick de Saint-Exupéry

Elon Musk est président de l'entreprise automobile Tesla. En 2015, il présente son nouveau modèle électrique, la Tesla Model X.

À 2 ans (à droite), en Afrique du Sud. Il grandit là-bas avec son frère Kimbal et sa sœur Tosca. Son père est ingénieur, sa mère nutritionniste et mannequin.

1973

À 13 ans, il crée son premier jeu vidéo, « Blastar ». Il parle le langage des geeks : le codage.

1984

Il a l'âge de Charlotte Gainsbourg, pas encore 50 ans, mais ne chante pas et ne joue pas. Son truc, c'est l'impossible. Plus encore : l'au-delà du possible. « Au-delà », c'est un mot qu'il pourrait aimer. Au sens propre, pas mystique. Voir « au-delà », discerner le rond dans le carré, briser le cadre, voilà son moteur. Ajoutez-y une force de travail hors du commun, une conviction ancrée, un physique de boxeur, un ego démesuré, une intelligence aiguë, un épiderme aussi sensible à la relation humaine que la peau de vache, et vous avez… oui, quoi ?… Un Martien ? Un Klingon, comme les humanoïdes à deux cœurs et trois poumons de la série *Star Trek* ? En quelque sorte.

Elon Musk a 47 ans, un patrimoine estimé à 20 milliards de dollars et un prénom rare tiré de la Bible. Ses admirateurs le décrivent en croisement génétique de Bill Gates, fondateur de Microsoft, et Steve Jobs, celui d'Apple. Il a lancé le système de paiement par Internet PayPal, est le propriétaire des lanceurs de fusées SpaceX et de la société automobile Tesla. Entrepreneur hors norme né à Pretoria, en Afrique du Sud, il entend agiter le monde en lui donnant matière à rêver. Il y croit. Il y a toujours cru. Il est cru. Toute sa vie, il a marché sur un fil.
Ses grands-parents maternels ont quitté le Canada pour l'Afrique du Sud sur un coup de tête, en 1950. Sa mère, Maye, est toujours mannequin, à 70 ans ; son père, Errol, pouvait sermonner des heures d'affilée ses trois enfants : Elon, Kimbal et Tosca. Il grandit à Pretoria, capitale administrative d'une Afrique du Sud encore raciste. Des églises, des rues tracées au cordeau, des villas, des jacarandas, des rituels bien rodés. Une vie paisible, comme sous cloche. C'est l'Afrique, mais on ne le voit pas. Au pays de l'apartheid, chacun est assigné à une place : Noirs, Blancs, Métis, hommes, femmes, enfants. Solitaire, le jeune Elon se nourrit de lectures. *« Il n'était pas inhabituel pour lui de lire dix heures par jour »*, dit son frère Kimbal dans *Elon Musk, Tesla, PayPal, SpaceX : l'entrepreneur qui*

262 – 6Mois – AUTOMNE 2018 / HIVER 2019

1986
Souffre-douleur de ses camarades de classe, il connaît une adolescence solitaire. Les livres et les ordinateurs sont ses seuls compagnons.

1989
Fraîchement débarqué au Canada, il découvre la vie estudiantine et s'ouvre au monde.

1999
À 27 ans, il lance sa deuxième start-up, X.com, spécialisée dans le paiement en ligne. Elle deviendra Paypal.

---

va changer le monde (Eyrolles), une biographie rédigée par un journaliste américain, Ashlee Vance.

Des nuits devant son ordi

Ses titres favoris, ceux qu'il cite de mémoire aujourd'hui, sont *Le Seigneur des anneaux*, *Le Cycle de Fondation* d'Isaac Asimov, un roman historique du futur, et *Révolte sur la Lune* de Robert Heinlein. En cours moyen, il ingurgite par désœuvrement deux encyclopédies en plusieurs volumes. Quand sa petite sœur s'enquiert à la table familiale de la distance de la Terre à la Lune, le gamin n'a aucune hésitation : il la connaît aussi bien à son apogée qu'à son périgée.

Il a 8 ans lorsque ses parents divorcent. Sa mère s'installe avec les trois enfants à Durban, sur la côte est du pays. Elon décide de rejoindre son père, un ingénieur de talent qui lui apprend à poser des briques, faire de la plomberie ou de l'électricité, et « *s'entend à vous gâcher la vie, c'est sûr* ». « *Il peut rendre pénible n'importe quelle situation, si bonne soit-elle*, confie-t-il à son biographe. *Il n'est pas heureux, je ne sais pas... et puis merde... je ne sais pas comment on devient comme il est. Il serait trop pénible de vous en dire plus.* »

Il n'a pas 10 ans lorsque, déambulant dans Johannesburg, il tombe raide devant un ordinateur, un Commodore VIC-20. Il harcèle son père, qui le lui achète, et passe ses nuits dessus. En 1984, la presse lui ouvre ses colonnes alors qu'il n'a que 13 ans. Un journal professionnel présente à ses lecteurs le code-source de « Blastar », jeu vidéo qu'il a créé. Les 167 lignes de programme sont payées 500 dollars, sacrée somme pour un gamin. L'article indique : « *Dans ce jeu, vous devez détruire un vaisseau spatial extraterrestre qui transporte une charge redoutable : des bombes à hydrogène et des machines à rayon status.* »

Étrangement, les années suivantes sont plutôt creuses, comme si l'essentiel était joué. Des études sans grand relief, des tournois de jeux vidéo, l'apprentissage de plusieurs langages informatiques, quelques sorties, peu d'amis. Mais une envie,

Photobiographie ● **Elon Musk**

Elon Musk achète un entrepôt près de Los Angeles pour y fabriquer des fusées. C'est la naissance de SpaceX.

2002

En parallèle, il entre au capital de Tesla, constructeur de voitures électriques de luxe.

2004

forte, presque obsessionnelle : rallier les États-Unis, terre de tous les possibles. À 16 ans, un changement de législation permet à Elon de récupérer la nationalité canadienne de sa mère. Un an plus tard, il annonce à sa famille qu'il part pour Montréal. Les mains dans les poches, sans un regard en arrière, il quitte tout.

Il s'invite chez de vagues cousins, prend la route, cultive des légumes, manie la tronçonneuse, nettoie des chaudières, et s'inscrit à l'université, en cours d'économie d'entreprise. Son frère, Kimbal, le rejoint dans l'Ontario. Elon se fait de l'argent en fabriquant, pour les étudiants, des micro-ordinateurs sur mesure bon marché, organise des soirées estudiantines payantes, s'intéresse aux filles avec persévérance et se plonge dans les études. L'ambiance à l'université l'émoustille. Il s'ouvre, se passionne. C'est le grand réveil. Le moteur se met en marche. En 1992, à 21 ans, il obtient une bourse et rejoint l'université de Pennsylvanie, aux États-Unis, où il se lance dans un double cursus : économie et physique. Dès lors, tout s'accélère. Elon Musk dresse le business plan d'une « *station solaire de l'avenir* ». Il imagine numériser des livres et travaille sur les perspectives techniques et économiques des supercondensateurs qui commencent à apparaître. Sa force : il est autant entrepreneur que physicien, économiste que technicien, rationnel que visionnaire. Un Klingon, disait-on. Mais un Klingon qui entend marier l'eau et le feu : le réel et le virtuel. Deux univers dont il est convaincu qu'ils sont inclusifs et qu'il a, lui, les moyens de le prouver.

Géolocalisation avant l'heure

En 1994, après un road trip à travers le pays, il s'installe avec son frère dans la Silicon Valley. Ce sont les débuts d'Internet. Elon, autodidacte de la programmation, écume les start-up. La vague s'annonce, il l'enfourche et crée à 23 ans avec Kimbal sa première start-up, rebaptisée plus tard Zip2. Les deux jeunes hommes louent un bureau de 6 mètres sur 9, dorment

Les équipes de SpaceX tentent de lancer leur première fusée depuis Kwajalein, dans l'océan Pacifique. C'est un échec.

2005

Devenu président de Tesla, il reçoit Arnold Schwarzenegger, gouverneur de Californie.

2008

Il se met en couple avec la jeune actrice Talulah Riley, après avoir divorcé de sa première femme. Il avait eu six garçons avec elle.

2008
juillet

---

sur place, se douchent à l'auberge de jeunesse voisine, roulent dans une épave BMW et se fournissent en matériel grâce à un don de 28 000 dollars de leur père. Leur idée, simple, est inédite : créer un annuaire en ligne des restaurants, boutiques, coiffeurs… qui permette de les géolocaliser.

Ils déménagent pour un trois-pièces, recrutent des commerciaux. Les commerçants n'y croient pas, l'argent se fait rare. Ils s'accrochent, multiplient les astuces marketing, cherchent à convaincre les investisseurs. *« Ma mentalité est celle d'un samouraï, je préférerais le seppuku [le « suicide », rituel japonais] à l'échec »*, lance Elon à l'un d'entre eux. Il ne ment pas, il est habité. Ça ne donne pas de sous, ça donne la rage. Après un an de vaches maigres, une société investit 3 millions de dollars dans l'entreprise des *« deux petits Sud-Africains »*. Une nouvelle stratégie est mise en place. Zip2 ne propose plus ses services aux commerçants mais à des groupes de presse. Des ingénieurs et des cadres sont embauchés, Zip2 se fait prestataire de services. La trésorerie se tend. La situation est critique lorsque, en 1999, le fabricant d'ordinateurs Compaq propose un rachat. Elon empoche 22 millions de dollars, son frère, 15.

Un mois plus tard, il crée une start-up à vocation financière : X.com. À 27 ans, il s'achète un appartement de 170 mètres carrés, un coupé McLaren F1 à 1 million de dollars, un petit avion à hélice. Il est sûr de lui, dominateur, surexcité. *« Je crois que X.com pourrait absolument être un filon de plusieurs milliards de dollars »*, dit-il sur CNN. Elon Musk, ancien stagiaire de quelques mois dans une banque, ne connaît rien à la finance ni à la réglementation. Pour comprendre le fonctionnement des banques, il a lu un livre. Et il décrète que le système est archaïque. Il investit des millions et recrute des personnalités très compétentes mais inconciliables. Les cofondateurs se déchirent. Elon Musk prend son bâton de pèlerin pour relancer sa coquille vide. Il séduit, joue de sa magie du verbe et redresse

Photobiographie ● **Elon Musk**

Après trois échecs, la fusée Falcon 1 s'élance enfin avec succès depuis un atoll des îles Marshall.

2008
28 septembre

Elon Musk fait visiter l'usine SpaceX au président Barack Obama. Un an plus tôt, la Maison-Blanche lui a accordé un prêt de 400 millions de dollars.

2010

la barre. X.com décroche une licence bancaire et s'attaque aux systèmes de paiement sur la Toile. La concurrence est féroce, des millions de dollars sont engloutis. X.com fusionne avec une petite société, Confinity, qui a développé le système de paiement PayPal. Elon Musk revendique plus d'un million de clients. Deutsche Bank et Goldman Sachs apportent 100 millions de dollars au capital. En janvier 2000, Elon Musk se marie avec Justine, rencontrée pendant ses études et qui disait de lui : *« Pour cet homme, "non" n'est pas une réponse. Pas moyen de s'en débarrasser. Je le vois comme Terminator. »* Ils partent en voyage de noces en septembre. Dépassée par le succès, X.com est en crise. Les fraudes se multiplient, des clans internes s'affrontent, la gestion de l'entreprise est un gouffre. En l'absence du patron, un putsch éclate. Elon Musk revient d'urgence. Trop tard, il s'est fait ravir la place de PDG. Il continue de financer l'entreprise, mais s'en éloigne peu à peu. En 2002, X.com, devenu PayPal, est racheté par eBay. Musk empoche 250 millions de dollars et hérite d'une image écornée, celle d'un bonimenteur, piètre gestionnaire.

Premier revers

Pour le Klingon de la Silicon Valley, ce revers est une première. *« Je ne suis plus un enfant prodige »*, dit-il à sa femme. Ils vivent à Los Angeles, grand pôle industriel et commercial de l'aéronautique. Le climat y est doux, Musk y fait du Musk. Poussé par sa fringale et son énergie dévorante, il rencontre ceux qui comptent dans le monde de l'espace. Il a 30 ans et réactive ses désirs d'enfant qui le poussaient à concevoir un jeu vidéo avec *« un vaisseau spatial extraterrestre »* doté de *« machines à rayon status »*. Il s'inscrit à la Mars Society, une association de passionnés, et lance sa machine à rêver : des souris sur Mars, un potager sur Mars… Il crée son organisation, la fondation Life to Mars, rassemble des talents, étudie le dossier, s'initie à l'industrie aérospatiale, à la physique de l'espace, à l'économie de l'espace.

QUATRE FOIS PAR AN
LE MEILLEUR DU JOURNALISME

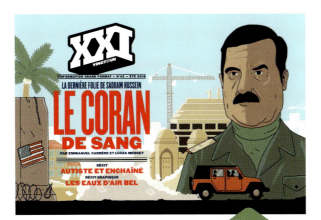

J'aime
JE M'ABONNE POUR **1 AN**

Au sein de la rédaction, Muriel s'occupe exclusivement des abonnés : **muriel@revue21.fr**

Également disponible sur le site **www.revue21.fr** qui offre un paiement sécurisé par Internet. Vos données sont strictement personnelles ; les fichiers ne sont ni loués ni vendus à des tiers.

QUATRE FOIS PAR AN
LE MEILLEUR DU JOURNALISME

J'aime beaucoup
JE M'ABONNE POUR **2 ANS**

Au sein de la rédaction, Muriel s'occupe exclusivement des abonnés : **muriel@revue21.fr**

Également disponible sur le site **www.revue21.fr** qui offre un paiement sécurisé par Internet. Vos données sont strictement personnelles ; les fichiers ne sont ni loués ni vendus à des tiers.

QUATRE FOIS PAR AN
LE MEILLEUR DU JOURNALISME

J'aime avec passion

JE M'ABONNE PAR **PRÉLÈVEMENT AUTOMATIQUE**

Au sein de la rédaction, Muriel s'occupe exclusivement des abonnés : **muriel@revue21.fr**

Également disponible sur le site **www.revue21.fr** qui offre un paiement sécurisé par Internet. Vos données sont strictement personnelles ; les fichiers ne sont ni loués ni vendus à des tiers.

QUATRE FOIS PAR AN
LE MEILLEUR DU JOURNALISME

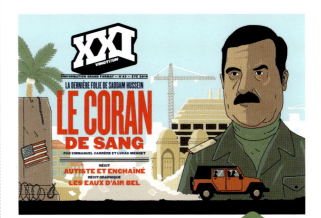

J'aime à la folie

J'ABONNE QUELQU'UN **EN CADEAU**

Au sein de la rédaction, Muriel s'occupe exclusivement des abonnés : **muriel@revue21.fr**

Également disponible sur le site **www.revue21.fr** qui offre un paiement sécurisé par Internet. Vos données sont strictement personnelles ; les fichiers ne sont ni loués ni vendus à des tiers.

OUI, je m'abonne à *XXI* pour deux ans, soit 8 numéros.

À partir du n° ____

○ M. ○ Mme
Prénom _____ Nom _____
Adresse _____

Code postal |_|_|_|_|_| Ville _____
Pays _____
E-mail _____

○ France métropolitaine, Dom-Tom, **124 €** port compris.
○ Zone euro et Suisse, **134 €** port compris.
○ Reste du monde, **144 €** port compris.

Je joins un chèque du montant de l'abonnement à l'ordre de QUATRE et je renvoie l'ensemble à :
XXI – Service des abonnements, 36, bd de la Bastille, 75012 Paris

| Date _____ Signature |

OUI, je m'abonne à *XXI* pour un an, soit 4 numéros.

À partir du n° ____

○ M. ○ Mme
Prénom _____ Nom _____
Adresse _____

Code postal |_|_|_|_|_| Ville _____
Pays _____
E-mail _____

○ France métropolitaine, Dom-Tom, **62 €** port compris.
○ Zone euro et Suisse, **67 €** port compris.
○ Reste du monde, **72 €** port compris.

Je joins un chèque du montant de l'abonnement à l'ordre de QUATRE et je renvoie l'ensemble à :
XXI – Service des abonnements, 36, bd de la Bastille, 75012 Paris

| Date _____ Signature |

OUI, j'abonne quelqu'un d'autre à *XXI* en cadeau pour 1 an (4 ex.) ou 2 ans (8 ex.).

À partir du n° ____

Je donne les coordonnées du destinataire de l'abonnement.
○ M. ○ Mme
Prénom _____ Nom _____
Adresse _____

Code postal |_|_|_|_|_| Ville _____
Pays _____
E-mail _____

Je donne mes coordonnées pour être joint en cas de problème.
○ M. ○ Mme
Prénom _____ Nom _____
E-mail _____

Pour 1 an
○ France métropolitaine, Dom-Tom, **62 €** port compris.
○ Zone euro et Suisse, **67 €** port compris.
○ Reste du monde, **72 €** port compris.

Pour 2 ans
○ France métropolitaine, Dom-Tom, **124 €** port compris.
○ Zone euro et Suisse, **134 €** port compris.
○ Reste du monde, **144 €** port compris.

Je joins un chèque du montant de l'abonnement à l'ordre de QUATRE et je renvoie l'ensemble à :
XXI – Service des abonnements, 36, bd de la Bastille, 75012 Paris

| Date _____ Signature |

OUI, je m'abonne à *XXI* par prélèvement automatique.

À partir du n° ____

○ France métrop., Dom-Tom, **15,50 € par trimestre,** port compris.
○ Zone euro et Suisse, **16,75 € par trimestre,** port compris.
○ Reste du monde, **18 € par trimestre,** port compris.

Autorisation de prélèvement
J'autorise l'établissement teneur de mon compte à effectuer sur ce dernier, si la situation le permet, les prélèvements ordonnés par QUATRE. En cas de litige, je pourrais faire arrêter l'exécution des prélèvements sur simple demande adressée à l'établissement teneur de mon compte.

Titulaire du compte à débiter
Prénom _____ Nom _____
Adresse _____
Code postal |_|_|_|_|_| Ville _____ Pays _____
E-mail _____

Établissement titulaire du compte à débiter
Document réservé aux titulaires d'un compte domicilié en France.
Établissement _____ Adresse _____

Code postal |_|_|_|_|_| Ville _____

Désignation du compte à débiter
Code banque |_|_|_|_|_| Code guichet |_|_|_|_|_|
N° de compte |_|_|_|_|_|_|_|_|_|_|_| Clé RIB |_|_|

Organisme créancier
QUATRE SAS – 36, boulevard de la Bastille, 75012 Paris

| Date _____ Signature |

*Merci de joindre impérativement **un relevé d'identité bancaire (RIB)** à ce formulaire d'abonnement rempli.*

Il fête l'entrée en Bourse de Tesla aux côtés de ses enfants et de Talulah.

Elon Musk est invité à prononcer le discours de remise des diplômes au California Institute of Technology.

2010
29 juin

2012

À ses interlocuteurs, il clame sa conviction : les humains n'ont pas d'autre choix que de devenir une espèce multiplanétaire. Ce pourrait n'être qu'une lubie, ce serait oublier que Musk est un Klingon.

Une Twingo de l'espace

Le jeune millionnaire pressé se rend à Moscou pour acheter un lanceur. Il est prêt à mettre 20 millions de dollars pour se procurer trois missiles balistiques intercontinentaux qu'il remanierait en fusées. Les Russes lui rient au nez. Dans l'avion qui le ramène aux États-Unis, il élabore la feuille de calcul de son premier projet de lanceur spatial. En juin 2002, il achète un ancien entrepôt dans la grande banlieue de Los Angeles. C'est l'acte de naissance de Space Exploration Technologies (SpaceX). Sa vocation, explique Elon Musk à ses premiers employés, est de créer une Twingo de l'espace, fiable, simple, pas chère. Le premier vol de la fusée Falcon, du nom du vaisseau de *Star Wars*, est prévu quinze mois plus tard. Le voyage vers Mars, poursuit-il, devrait avoir lieu à la fin de la décennie. Le pari paraît impossible, il suscite l'enthousiasme. L'équipe se renforce, des fanas de l'espace, la crème de la crème attirée par le rêve. « *On vous faisait toute confiance à 24 ou 25 ans, cela donnait un sentiment de puissance* », dira un ingénieur. Omniprésent, Elon Musk pousse ses équipes en leur insufflant l'état d'esprit de la Silicon Valley, ce mélange violent de créativité, de bricolage et d'imagination. Des obstacles surgissent ? Il les enjambe en augmentant la cadence et les exigences. Il électrise, fouette, balaie les doutes. Toujours plus, toujours mieux, aucune limite. Une pièce coûte trop cher ? SpaceX la fabrique. Un point technique fait problème ? Système D. Un ingénieur conteste ? Il est viré. Le rythme est déchaîné, les coûts sont maîtrisés, les passions libérées.

En mai 2005, le moteur de sa fusée est testé avec succès. Un mois plus tard, les équipes de SpaceX partent pour Kwajalein, un atoll de l'océan

Photobiographie ● Elon Musk

Elon Musk balade le premier ministre japonais, Shinzo Abe, à bord d'une Tesla, dans la Silicon Valley.

Présentation, devant ses salariés de SolarCity, des produits dernier cri de son entreprise de panneaux photovoltaïques.

2014

2015
avril

Pacifique, pour réaliser leur premier lancement. Il faut imaginer des étudiants campant sur une île isolée pour lancer, en novices, un bolide dans l'espace. Les trois premières tentatives échouent. Un observateur envoyé par le ministère de la Défense note : *« Ils s'y prenaient comme une bande de gamins qui auraient fait du logiciel dans la Silicon Valley. »* Alors que SpaceX ne parvient pas à faire ses preuves, l'aventure automobile d'Elon Musk, qui a investi dans Tesla, se grippe. Cette entreprise a conçu un modèle de voiture électrique exceptionnel, le plus beau et le plus rapide jamais vu. Premier actionnaire et PDG de Tesla, Musk entend libérer l'auto de sa dépendance au pétrole. Il raisonne en logique de rupture. Comme il entend balayer les ancêtres de l'espace qui, selon lui, ont renoncé au rêve de l'exploration spatiale, il veut ringardiser les conglomérats héritiers de Ford, Chrysler, Chevrolet… Mener à bien une de ces entreprises, spatiale ou automobile, serait un défi dantesque. Mener les deux de front ne le fait pas reculer.

« Il vous détruit »

Comme pour ses fusées, Musk est à la peine avec ses voitures miracles. Pour être rentable, il faut produire en série. Les obstacles industriels se multiplient : le coût de fabrication est bien plus élevé que prévu, les fournisseurs ne répondent pas aux attentes, les délais de livraison non respectés entraînent de nombreux frais. *« À ceux qui ont envie de voir leur famille, je dirais qu'ils en auront tout le temps si nous faisons faillite »*, annonce-t-il à ses employés. *« Il vous détruit, tout simplement, et si vous survivez, il décide si oui ou non il peut vous faire confiance. Il doit être certain que vous êtes aussi cinglé que lui »*, dit un des cadres. Les Musk achètent une maison à Bel Air, quartier huppé de Los Angeles. Ils ont cinq employés de maison, dont une chef des nounous, fréquentent les soirées caritatives, les meilleures tables, les boîtes de nuit les plus chics. La collection

Déguisé en dieu égyptien, il fête Halloween chez le fondateur du magazine « Playboy ». En blanc, l'entrepreneur Sean Parker.

2015
octobre

Elon Musk fait une apparition dans la série « The Big Bang Theory », comme Stephen Hawking, Bill Gates, et d'autres vedettes du monde de la science et des nouvelles technologies. Dans la saison 9, il sert de la soupe aux personnes démunies.

2015
novembre

de voitures d'Elon s'agrandit : une Porsche, une Jaguar, une BMW et sa déjà vieille McLaren. Mois après mois, sa fortune se réduit. Il possédait 200 millions de dollars avant de se lancer dans Tesla et SpaceX. Quand il divorce de Justine en juin 2008, il a grillé plus de la moitié de son capital. Sans résultat probant. Dans un article publié dans *Marie Claire*, Justine explicite les raisons du divorce : *« Elon faisait constamment remarquer les insuffisances qu'il me trouvait. »* Lorsqu'elle lui disait être sa femme, pas son employée, il lui rétorquait : *« Si tu étais mon employée, je te virerais »*. Et il l'a *« virée »*.
Un mois plus tard, il rencontre à Londres une jeune actrice. Talulah Riley a 22 ans. *« Elle s'intéressait vraiment aux fusées et aux voitures électroniques, ça c'était cool. »* Talulah le suit aux États-Unis. La crise financière déboule. SpaceX et Tesla ont besoin de trésorerie pour payer les salariés. Elon Musk racle les fonds de tiroir, en espérant passer l'année. Le 28 septembre 2008, en fin d'après-midi, la fusée Falcon 1 s'élance de l'atoll Kwajalein pour un quatrième essai, crucial après trois échecs. Le lancement est réussi. Après six ans d'efforts, enfin... Mais le répit est de courte durée. À la fin de l'année, Elon Musk est à sec. Il voyage en low cost, emprunte à ses amis, à ses salariés, à ses relations. Tesla est aux abois, SpaceX au bord du gouffre. Chaque jour, il bataille pour honorer ses traites. Tesla est sauvée in extremis de la faillite grâce à SpaceX. Et SpaceX est sauvée en décrochant, la veille de Noël, une commande de la Nasa : 12 vols à destination de la Station spatiale internationale. Musk est un survivant : il a une capacité de *« souffrance inouïe »*, assure sa nouvelle compagne.

Paris réussis

Pour SpaceX, les feux rouges passent au vert. En juin 2010, la fusée Falcon 9 vole sans le moindre incident. Deux ans plus tard, la Station spatiale internationale est ralliée. Les paris ont été les bons. SpaceX révolutionne le marché spatial : c'est une entreprise

Photobiographie ● **Elon Musk**

Ce lance-flamme à 500 dollars, destiné « à mettre le feu dans n'importe quelle soirée », est créé par The Boring Company, une autre de ses sociétés.

2016

Elon Musk est reçu par Donald Trump à la Maison-Blanche avec d'autres dirigeants du monde des affaires.

2017
janvier

Sa mère, Maye Musk, toujours mannequin, l'accompagne dans les dîners mondains. Ici, à la soirée des Oscars organisée par le magazine « Vanity Fair ».

2017

privée, ses coûts de lancement sont moindres. Et la vision de long terme proposée par Musk, l'exploration spatiale vers Mars, est un formidable moteur à rêves.

En 2012, Tesla aussi commence à sortir la tête de l'eau. Après avoir longtemps tâtonné, elle lance la Model S, une berline de luxe capable de parcourir 435 kilomètres avec une seule charge en transportant 7 personnes. Cher (plus de 100 000 dollars), cet étonnant ordinateur sur roues au galbe soigné séduit les technophiles et les adeptes de la Silicon Valley. Un an après sa mise sur le marché, Tesla affiche pour la première fois un résultat bénéficiaire. Au même moment, SolarCity, entreprise d'installation de panneaux solaires qu'Elon Musk a montée avec ses cousins (et qu'il préside), est introduite en Bourse et croît rapidement. L'objectif est affiché : devenir avec le solaire *« l'un des plus grands fournisseurs d'électricité des États-Unis »*. En partenariat avec Tesla, SolarCity produit des systèmes de stockage d'énergie. SpaceX apporte son savoir-faire sur les matériaux et les techniques de fabrication. Les trois domaines d'activité de Musk, l'espace, le solaire, l'automobile, convergent. C'est son acmé.

Mais le surplace serait fatal à l'empire en train de se constituer. Il faut avancer, toujours plus loin, toujours plus haut. En 2014, Musk annonce être prêt à construire une Gigafactory, une usine capable de produire en masse les milliers de batteries dont il a besoin pour ses voitures et ses unités de stockage électrique. Pour SpaceX, il aménage un site de lancement dans le sud du Texas afin de réaliser plusieurs tirs par mois. Le rythme est effréné, impitoyable. Son assistante depuis douze ans lui demande une augmentation. Elon Musk lui suggère de prendre quelques semaines de vacances, ce qu'elle fait. À son retour, il lui explique qu'il s'est fort bien passé d'elle. Et la licencie. *« Douze ans est une bonne durée pour un emploi, quel qu'il soit »*, assure-t-il sans état d'âme à l'auteur de sa

Son empire flanche : il n'arrive pas à produire le dernier modèle de la Tesla.

Le 6 février 2018, le lanceur Falcon Heavy réussit à se propulser dans l'espace, avec à son bord une Tesla rouge.

2017

2018
février

biographie. Celui-ci cite un de ses salariés : « *Beaucoup d'entre nous ont travaillé pour lui sans relâche pendant des années et ont été jetés à la rue comme des déchets, sans hésitation.* » De sa seconde femme, Talulah, Elon Musk divorce deux fois.

Un show à l'américaine
La roue tourne, de plus en plus vite. En 2016, SolarCity part à son tour en vrille : la dette est colossale, la trésorerie est à sec. PDG de Tesla et premier actionnaire de SolarCity, Elon Musk se porte au secours de l'entreprise familiale, qu'il fait racheter à prix fort par Tesla. Sa double casquette lui vaut des critiques et des poursuites en justice.

Il intervient de plus en plus, tout le temps, partout, sur tous les thèmes : l'intelligence artificielle, Mars, le business, le journalisme… Et annonce des projets étonnants : la création d'un lance-flamme, des tunnels pour relier les villes, des casquettes, des bonbons.
En 2017, SpaceX parvient à relancer une fusée déjà utilisée lors d'un tir précédent. Un an plus tard, la Falcon Heavy, la plus puissante au monde, prend son envol. Le ballet est parfaitement réglé. Les deux boosters se séparent comme prévu de la fusée et atterrissent sur le tarmac. Dans l'espace, la coiffe de la fusée s'ouvre pour livrer au vide sidéral une Tesla rouge. Au volant, une effigie

baptisée Starman, en hommage à David Bowie, « écoute » *Space Oddity*. Succès assuré. Les médias du monde entier reproduisent les images de ce spectacle scénarisé par Musk.
Le show à l'américaine, il sait faire. Mais ses tours s'usent. À nouveau, tout semble se gripper, et Elon Musk danse sur un fil de plus en plus ténu. Tesla tangue violemment. Sa chute pourrait entraîner celle de l'empire. L'homme de Mars a vu trop grand, trop haut, assurent des analystes financiers. Musk se débat. Il a annoncé retourner « *dormir à l'usine* ». « *Vous me prenez pour un dingue ?* », demande régulièrement le Klingon à ses interlocuteurs. Que l'on sache, personne n'a osé lui répondre « *oui* » •

Photobiographie ● Elon Musk

Mémoire

Traîtres présumés

C'est un pan méconnu de la Seconde Guerre mondiale : 120 000 Japonais d'Amérique ont été expulsés de chez eux et parqués dans des camps. **Dorothea Lange** *y était.*

Le camp de Manzanar, en Californie, est l'un des plus importants centres d'internement de Nippo-Américains. En 1941, les États-Unis répliquent à l'attaque de Pearl Harbor en entrant dans la Seconde Guerre mondiale. Les Japonais présents sur leur sol sont désignés comme des ennemis intérieurs.

Hawaï, 7 décembre 1941, 7 h 53. Des Aichi D3A piquent sur l'île d'Oahu, où mouille la flotte américaine. Une bombe est larguée, deux, trois, des centaines... Des brasiers allument le ciel. De la fumée blanche, noire, chaude comme du magma, s'échappe du cuirassé *USS West Virginia*. Les porte-avions sont visés en priorité.

8 h 30, deuxième vague, une pluie de feu s'abat sur l'*USS Arizona*, les fenêtres volent, les déflagrations font exploser les carcasses d'acier. L'offensive se termine vers 9 h 45. Elle fait 2 400 victimes côté américain, une soixantaine côté japonais. C'est l'attaque de Pearl Harbor.

La surprise est totale, la réponse immédiate : les États-Unis entrent dans la Seconde Guerre mondiale et arrêtent près de 1 500 Nippo-Américains sur leur sol. Le gouvernement dénonce l'existence d'une « *cinquième colonne* » : les « *Japs* » sont désignés comme des ennemis intérieurs. Dans les villes, les habitants écrivent « *interdit à la vermine nippone* » sur des panneaux en bois. C'est le début d'une période d'hystérie antijaponaise.

De l'autre côté du globe, le Japon se taille un empire : la Thaïlande, l'île de Guam, Hongkong et les Philippines tombent face à l'armée impériale. Les Américains craignent d'être envahis par leur côte ouest, où vivent l'essentiel des immigrés japonais. Que feraient ces derniers en cas d'attaque ? Le gouvernement en est sûr : ils aideraient l'empereur, son armée. Ce sont des traîtres, tous. Le 19 février 1942, le président Roosevelt signe le décret n° 9066. Il autorise l'armée à créer des zones militaires et à en exclure toute personne « *potentiellement dangereuse* ».

La cible est précise, ce sont les « *Jaunes* », les résidents japonais, mais aussi les citoyens américains d'origine japonaise nés ici, de troisième ou quatrième génération, descendants d'immigrés arrivés en Californie à la fin du XIXe siècle. Ils ont le droit de vote et connaissent l'hymne *La Bannière étoilée* par cœur, qu'importe, « *un Jap est un Jap* », décrète le général John DeWitt, « *tous des gangsters* ». On leur interdit de se déplacer à plus de 8 kilomètres de chez eux et de rentrer trop tard le soir. Leurs comptes bancaires sont gelés.

L'ordre d'évacuation est donné en mai 1942, 120 000 personnes doivent déguerpir. On les force à se rendre dans des centres de rassemblement, hippodromes, parcs d'exposition ou stades réquisitionnés par l'armée. Les récalcitrants sont amenés de force par le FBI à coups de trique. Les enfants d'ascendance japonaise sont retirés des orphelinats. Les familles ont peu de temps pour s'organiser, une poignée de jours ou de semaines, souvent en plein milieu des récoltes, qu'ils abandonnent. Beaucoup sont propriétaires d'une ferme, quelques hectares d'herbe poussiéreuse, des plantations, des blés, un élevage de volailles ou de bisons autour d'un ranch.

Après trois ans d'internement, les prisonniers sont relâchés. Le gouvernement leur offre le billet retour et 25 dollars, comme à un criminel à sa sortie de prison.

Dans les centres de rassemblement, ils sont triés puis dispersés dans des gares avec leurs affaires, pas grand-chose, une ou deux valises en carton. Certains emportent un petit drapeau américain, des gosses de 5-6 ans chantent l'hymne national sur les quais. Tous attendent là, sans un cri, sans une larme, qu'un train les emmène vers un des dix *relocation centers* du pays, des camps d'internement situés aux portes du désert.

Sur place, les familles vivent dans 25 mètres carrés, des cagibis équipés comme des cellules : une lampe, un fourneau, un matelas, une couverture. Les baraquements ont été construits dans l'urgence, avec des planches de bois et du papier goudronné. Les mieux lotis occupent « *d'anciennes casernes de construction simple, sans installations de plomberie ou de cuisine* », selon un rapport du gouvernement de 1943. Les moins chanceux sont enfermés dans des écuries, des étables.

Une poignée de photographes sont autorisés à se rendre à l'intérieur des camps. Dorothea Lange en fait partie. Ses clichés montrent un quotidien de prisonniers : matricule autour du cou, les adultes sont soumis au travail forcé, labourent des terres, cultivent des légumes et fabriquent des fournitures pour l'armée. Ils mangent avec un demi-dollar par jour et retapent leur propre camp, prison à ciel ouvert, avec ses barbelés, ses miradors, ses sentinelles.

Les enfants vont à l'école dans des bâtiments improvisés au milieu de rien, des dunes de sable ou des marécages, sans matériel, sans livres, sans cahiers ni bureaux. On leur apprend à aimer les États-Unis, la démocratie, les grandes victoires militaires, à servir la patrie. Ce sont des petits-enfants et arrière-petits-enfants d'immigrés : 62 % des détenus sont des citoyens américains.

L'hygiène est déplorable. Les camps manquent de personnel médical – moins d'un médecin pour 1 000 détenus – et de matériel. Cancers, maladies cardiaques et vasculaires, tuberculose sont mal soignés, près de 2 000 personnes perdent la vie. Certains tentent de s'échapper : ils sont envoyés à Moab ou Leupp, des centres d'isolement construits dans de grandes plaines inondables et sablonneuses. Sept fuyards ou mutins sont tués par des soldats.

Des intellectuels dénoncent ces « *camps de concentration* ». L'anthropologue Marvin Opler explique que la détention des Nippo-Américains renforce leur sentiment antiaméricain. En 1944, il parvient à en faire libérer plusieurs du camp de Tule Lake, en Californie. Quelques mois plus tard, les États-Unis lâchent leurs bombes atomiques sur Hiroshima et Nagasaki. Le Japon capitule le 2 septembre 1945, il n'y a plus de raison d'enfermer les « *Japs* ».

Après trois ans d'internement, les prisonniers sont relâchés. Le gouvernement leur offre le billet retour et 25 dollars, comme à un criminel à sa sortie de prison. Beaucoup retrouvent leur maison détruite ou saccagée, une inscription « *No Japs wanted* » écrit à la peinture noire sur la façade. Pour des excuses officielles, il faudra attendre quarante-trois ans. En 1988, le président Ronald Reagan signe le Civil Liberties Act. Les États-Unis regrettent l'internement « *injuste* » des Japonais américains, motivé par des idées « *racistes et xénophobes* ». Chaque survivant reçoit un chèque de 20 000 dollars. Aucun des 120 000 détenus n'a jamais été convaincu d'intelligence avec « l'ennemi » •

Thibault Petit

Dorothea Lange, tout un symbole

Il a fallu attendre soixante-quatre ans pour que les clichés de Dorothea Lange sur les camps d'internement des Nippo-Américains soient connus du grand public. Jusque-là, ils étaient confinés aux Archives nationales américaines – ils dérangeaient l'administration.

Pourtant, c'est le gouvernement qui missionne la photographe en 1942 pour documenter cette sombre période de l'histoire américaine. Née en 1895, elle est alors connue pour son travail sur les laissés-pour-compte de la « grande dépression » des années 1930. Elle fait partie de la talentueuse équipe de photographes recrutée par la Farm Security Administration pour travailler sur la crise. En 1936, son portrait de la *Mère migrante* (ci-dessus) devient un symbole des déplacements de populations vers l'Ouest américain pour survivre.

Après l'attaque de Pearl Harbor, en 1941, le gouvernement fait appel à elle pour photographier l'évacuation des résidents d'origine japonaise, puis leur détention. Pendant cinq mois, elle voyage dans une vingtaine de lieux et capture chaque moment de leur vie : le travail dans les champs, les expulsions, l'intérieur des camps…

Dorothea Lange a des règles à respecter : ne prendre ni les grillages, ni les miradors, ni les soldats, et ne pas parler aux détenus. Elle choisit son camp en témoignant de l'oppression d'un peuple mais aussi de son combat pour conserver sa dignité. Ses images invitent à l'empathie avec ses sujets. Elle en tire un fonds accablant de 800 négatifs.

Son point de vue ne convient pas aux autorités. Les photos sont saisies pendant la Seconde Guerre mondiale puis mises sans bruit aux Archives nationales en 1946. Dorothea Lange est morte en 1965 sans imaginer que son travail serait numérisé à la fin du siècle et publié en 2006 pour la première fois dans un livre*. T. P.

* « Impounded », de Linda Gordon et Gary Y. Okihiro (éd. Norton, non traduit en français).

▲ En avril 1942, devant un bâtiment de l'Administration, des ouvriers agricoles viennent prendre les instructions avant leur évacuation, prévue quelques jours plus tard.
▶ Récolte des fraises dans une ferme de Mission San José, en Californie. Les Japonais installés alors aux États-Unis vivent essentiellement du maraîchage.
▶ Dans son ranch typique de l'Ouest américain, cette famille de 9 enfants cultive fruits et légumes.

Mémoire ● Traîtres présumés

▲ *Une jeune mère et son bébé arrivent au camp de San Bruno, en Californie, en mai 1942.*
◂ *Les Shibuya, en avril, quelques jours avant leur expulsion. Le père a monté sa société d'exportation de chrysanthèmes. Les enfants sont tous nés aux États-Unis. Les plus grands vont à l'université.*
◂ *Au lendemain de l'attaque de Pearl Harbor, un épicier d'origine japonaise rappelle à ses clients qu'il est citoyen américain.*

Mémoire ● **Traîtres présumés**

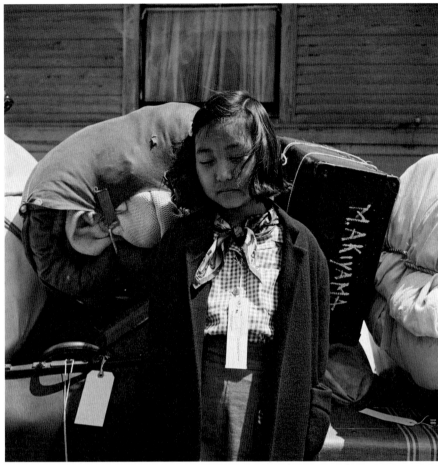

▲ En juin 1942, les prisonniers font eux-mêmes les réparations dans le camp. Ils sont payés 8 dollars par mois pour 48 heures de travail hebdomadaires.
◀ Kimiko Kitagaki garde les bagages de sa famille, avant le départ en bus vers le camp de Tanforan, en Californie.
◀ Plusieurs centaines de détenus font la queue pour aller dîner dans l'une des 8 cantines du camp de San Bruno.

Mémoire ● Traîtres présumés

▲ En juin 1942, des prisonniers travaillent la terre pour installer une ferme et un potager.
◀ Dans le camp de Manzanar, un maraîcher cultive des fleurs.
◀ Retour au camp à l'heure du déjeuner.

Mémoire ● **Traîtres présumés**

▲ Les détenus préparent les repas et mangent dans de grandes cantines collectives.
▲ Au camp de Manzanar, le chimiste Frank Hirosawa a été missionné pour conduire des recherches sur le guayule, une plante à caoutchouc.
▶ Des femmes fabriquent des filets de camouflage pour l'armée américaine, en juillet 1942.

Mémoire ● Traîtres présumés

▲ Des enfants jouent au base-ball entre les baraquements. Une centaine d'équipes de ce sport typiquement américain ont été formées dans les camps.
▲ Des détenus s'abritent du soleil dans la file d'attente menant à la cantine, en juillet 1942.
▶ Au camp de Manzanar, des enfants rentrent de l'école après les cours du matin.

Mémoire ● *Traîtres présumés*

« NOUS ÉTIONS COUPABLES »

La guerre terminée, les internés rentrent chez eux et restent des ennemis. L'écrivaine américaine **Julie Otsuka** *raconte le destin d'une de ces familles.*

La ville ne semblait guère différente de ce qu'elle était dans notre souvenir. Grove Street s'appelait toujours Grove Street et Tyler Street toujours Tyler Street. La pharmacie était toujours là, au bout du pâté de maisons, sauf qu'elle avait désormais une nouvelle enseigne. Les matins étaient toujours brumeux, les parcs étaient toujours verts. On voyait toujours des balançoires suspendues aux arbres (on verra toujours des balançoires suspendues aux arbres), sur lesquelles se balançaient toujours des enfants bien nourris, rieurs, la tête rejetée en arrière dans le vent. Dans les rues, les filles étaient toujours chaussées de babies noirs et leurs mères d'escarpins de la même couleur. Le vieil homme coiffé de son feutre gris fripé était toujours posté au coin à appeler sa chienne, Isadora, qui s'était enfuie voilà bien longtemps. Peut-être s'y trouve-t-il encore en ce moment même.

Aux fenêtres des maisons de notre quartier nous apercevions les visages de nos anciens amis et voisins : les Gilroy et les Myer, les Leahy, les Wong, les deux vieilles demoiselles O'Grady, du jardin desquelles jamais un seul ballon perdu n'était revenu. Ils nous avaient tous vus partir, au début de la guerre, s'étaient tous cachés derrière leurs rideaux pour nous regarder descendre la rue avec nos énormes valises bourrées d'affaires. Mais pas un seul, ce matin-là, n'était sorti pour nous dire au revoir ou nous souhaiter bonne chance, ou encore nous demander où nous allions (nous l'ignorions). Pas un seul ne nous avait fait signe de la main. « Ils ont peur », avait dit notre mère. *Ne vous arrêtez pas. Gardez la tête droite. Et surtout ne vous retournez pas.* »

Maintenant, lorsque nous croisions par hasard ces mêmes gens dans la rue, ils se détournaient en faisant semblant de ne pas nous voir. Ou alors ils nous adressaient un petit salut de la tête au passage et s'exclamaient : « *Magnifique journée !* », comme si nous n'avions jamais quitté le quartier. De temps à autre, quelqu'un s'arrêtait pour demander à notre mère où nous étions passés – « *Voilà longtemps qu'on ne vous a pas vus* », disait cette personne, ou bien : « *Cela fait une éternité !* » – et notre mère se contentait alors de relever la tête, de sourire, puis de répondre : « *Oh, nous étions partis...* » [...]

Le Service du transfert des populations avait renvoyé les gens chez eux en donnant à chaque personne de quoi payer son billet de train, ainsi que 25 dollars en espèces. « *C'est absurde* », avait dit notre mère. Trois ans, cinq mois. 25 dollars. Pourquoi pas 35 ou 40 ? Pourquoi pas 100 ? Pourquoi même se donner la peine de nous verser de l'argent ? Nous apprîmes plus tard que 25 dollars était la même somme que celle qui était allouée aux criminels à leur sortie de prison.

Avec cet argent, notre mère nous acheta à chacun une paire de chaussures neuves, mais d'une bonne pointure au-dessus. « *Vous les remplirez en grandissant* », nous dit-elle pendant que nous en bourrions l'extrémité de tampons de papier absorbant. Elle nous acheta de nouveaux sous-vêtements et de nouveaux gants de toilette, ainsi qu'un épais matelas de coton sur lequel nous couchions à tour de rôle, là, dans la pièce de devant, au pied de l'escalier, et ce jusqu'à la nuit où la bouteille de whisky avait fracassé la fenêtre.

Après la nuit où la bouteille de whisky avait fracassé la fenêtre, nous avons traîné le matelas à l'étage pour dormir dans la chambre qui donnait à l'arrière de la maison – la chambre aux inscriptions sur les murs. Par-dessus les inscriptions, notre mère colla, avec du ruban adhésif, des photos de fleurs arrachées à un vieux calendrier d'horticulteur, puis elle déchira des sacs de riz afin de confectionner des rideaux, qu'elle accrocha aux fenêtres pour empêcher les gens de voir à l'intérieur. Enfin, le soir, quand le ciel commençait à s'obscurcir, elle faisait le tour des pièces de devant pour éteindre toutes les lumières, de sorte que personne ne puisse savoir que nous étions rentrés.

Le 10 mai 1945, de retour de camp d'internement, une famille de Seattle retrouve sa maison saccagée et recouverte d'inscriptions antijaponaises.

Chaque jour, tout autour de nous, les hommes revenaient toujours plus nombreux du front. C'étaient des pères, des frères et des maris. C'étaient des cousins et des voisins. C'étaient des fils. Ils arrivaient, par milliers, à bord des énormes navires marqués par les combats qui entraient dans la baie. Certains d'entre eux s'étaient battus à Okinawa et en Nouvelle-Guinée, d'autres à Guadalcanal. Lors du jour J, certains avaient débarqué aux îles Marshall, à Saipan, à Tinian, à Luzon ou à Leyte. D'autres encore avaient été retrouvés à la fin de la guerre, plus morts que vifs, dans des camps de prisonniers, à Ofuna ou en Mandchourie.

« *Ils nous enfonçaient des éclats de bambou sous les ongles et nous faisaient mettre à genoux des heures durant.* »

« *Nous devions rester au garde-à-vous, les mains le long du corps, pendant qu'ils nous rouaient de coups.* »

« *Pour eux, nous n'étions que des numéros, de simples esclaves de l'empereur. Nous n'avions même pas de nom. J'étais le 326. San byaku ni ju roku.* »

« *Nous étions obligés de faire des courbettes, même aux coolies et aux tireurs de pousse-pousse.* »

« *Ce serait de la folie de se montrer indulgents avec les Japs.* »

« *Le plus beau jour de ma vie? Le jour où Truman a balancé cette chouette petite bombe.* »

Il y eut des défilés en leur honneur, avec chevaux, trompettes et force pluies de confettis. Juchés sur des estrades fouettées par les vents, les maires se fendaient de grands discours, salués par des enfants vêtus de rouge blanc bleu qui agitaient le drapeau. Des escadrilles de B-29 de retour du front descendaient du ciel en piqué avant de se mettre en formation impeccable pour survoler les foules en liesse qui, massées dans les rues, les acclamaient et pleuraient et saluaient le retour de leurs braves.

Nous suivions les récits des journaux. « *Nouveaux témoignages de rescapés des camps de torture japonais. Certains détenus étaient bâillonnés avec un mors de métal, d'autres condamnés à mourir de faim. Pris au piège, nos gars étaient arrosés d'essence et transformés en torches humaines.* » Nous écoutions les interviews à la radio. « *Dites-moi, soldat, est-ce que cela vous a fait quelque chose de perdre votre jambe?* » Nous nous regardions dans le miroir et nous n'aimions pas l'image qu'il nous renvoyait: cheveux noirs, peau jaune, yeux bridés. Le visage cruel de l'ennemi.

Nous étions coupables.
Essayez donc d'oublier tout cela.
Mauvais.
N'y pensez plus.
Un peuple dangereux.
Vous êtes libre, maintenant.
Auquel on ne pourrait plus jamais faire confiance.
Il vous suffira de bien vous tenir à l'avenir.

Dans la rue, nous nous efforcions d'éviter notre reflet chaque fois que cela était possible: nous nous détournions des surfaces brillantes et des devantures de magasin. Nous ignorions les regards furtifs que nous lançaient les inconnus croisés sur les trottoirs. *Vous êtes quoi? Japonais ou Chinois?* •

Extraits de « Quand l'empereur était un dieu », de Julie Otsuka, traduit de l'anglais (États-Unis) par Bruno Boudard. © Éditions Phébus 2004, 10/18 pour l'édition de poche.

> *Par-dessus les inscriptions, notre mère colla, avec du ruban adhésif, des photos de fleurs arrachées à un vieux calendrier d'horticulteur.*

Mémoire ● **Traîtres présumés**

L'album de famille

Le choix des bois

Matthew Hamon et sa femme élèvent leurs enfants dans le Montana, en toute liberté. Être nus, chasser et se chauffer au feu de bois font partie de leur quotidien.

C'est dans la rivière Blackfoot que Lur, la fille de Matthew Hamon, a appris à nager. Vingt-cinq ans plus tôt, Robert Redford mettait ce lieu majestueux du Montana au cœur de son film *Et au milieu coule une rivière*, avec Brad Pitt en pêcheur à la mouche, pieds dans l'eau et pantalon retroussé. La petite fille de 4 ans n'a probablement jamais vu ce film. Qu'importe : elle sait plus de choses sur les cours d'eau et les animaux de sa région natale que tout le gratin hollywoodien.
Il y a huit ans, Matthew et sa femme, Jennifer, ont acheté 11 hectares de terrain à Potomac, un hameau de l'ouest du Montana. Perdus au milieu des lions des montagnes et des grizzlis, ils apprennent à Lur et à Emile (le petit dernier de 2 ans) à vivre en harmonie avec la nature. Chez les Hamon, être nus, se chauffer au feu de bois et chasser le gibier font partie du quotidien. La famille assume sa marginalité. Cet excès de liberté et cette ode à la curiosité, Matthew et Jennifer les tiennent de leurs propres parents, de joyeux hippies qui ont vécu dans le San Francisco des *sixties*.

Observateurs curieux

Le photographe souhaite que ses enfants deviennent des observateurs curieux, attentifs et respectueux du monde qui les entoure. Une existence riche en expériences, loin des tabous de la société américaine : voilà ce qu'il désire leur offrir. Peu de petits parlent de la mort avec leur père, penchés sur les restes d'un animal gisant au bord de la route, assistent à la naissance de leur frère installés devant l'entrejambe de leur mère, et se voient dispenser un cours d'anatomie pendant que leurs parents dépècent un chevreuil qu'ils ont eux-mêmes tué… Quand Lur est née, Matthew lui a appris à apprivoiser la nudité et à l'aimer, loin des stéréotypes véhiculés par une Amérique qui entretient selon lui « *un rapport malsain au corps* ». Et quand, du haut de ses 4 ans, sa fille lui rapporte les remarques de camarades ou de parents dérangés par leur mode de vie, le photographe a « *le cœur brisé* ».
Dans le fond, leur famille n'est pas si différente des autres : Matthew et Jennifer se lèvent tous les matins pour enseigner la photographie et les arts plastiques, tandis que leurs enfants vont à l'école publique. Et comme tous les parents de leur génération, ils rusent pour les détourner des tablettes et d'Internet, qui ont débarqué dans leur foyer. À ce jour, seules les balades dans les forêts enneigées du Montana captivent leurs enfants plus que les écrans •

Clara Hesse

« Jennifer et moi avions décidé de vivre soit dans une grande ville, soit très isolés. Nous sommes installés depuis huit ans dans le Montana, au milieu des montagnes. »

L'album de famille ● *Le choix des bois*

« Ce jour-là, nous nous baladons en famille.
Lur est à la traîne, minuscule dans l'immensité du paysage. »

« Jennifer et Lur se baignent dans la source chaude Jerry Johnson, dans l'Idaho,
un État limitrophe du Montana. On vient ici deux fois par an. »

« Ana, une amie de ma femme, et sa fille Stevie nous ont rejoints pour pique-niquer au bord de la rivière Blackfoot. J'admire le peintre Édouard Manet, et cette scène m'évoque "Le Déjeuner sur l'herbe". »

L'album de famille ● *Le choix des bois*

« J'ai tué moi-même ce cerf pour sa viande. Lur a rempli son pot de yaourt d'herbes et s'amuse à le nourrir. Elle a alors 2 ans et commence à poser des questions sur la vie et la mort. »

« Notre fille capture constamment les insectes. Elle les observe pendant quelques jours et leur donne des noms avant de les relâcher. Là, elle détient Shelby, la sauterelle. »

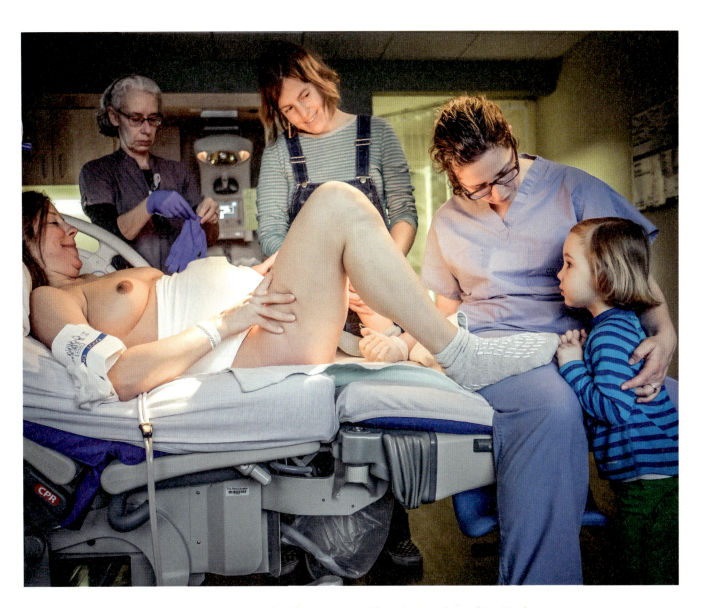

« Nous n'avons pas forcé Lur à assister à la naissance de son frère, Emile, mais elle a voulu être aux premières loges pour voir apparaître sa tête. »

L'album de famille ● *Le choix des bois*

« Jennifer a tué ce chevreuil. Pendant qu'elle le dépèce, Emile sur le dos,
elle donne un cours d'anatomie à Lur. »

« Comme tous les enfants de son âge, notre fille aime se débrouiller seule.
Cela la contrarie qu'on lui propose de porter les bûches à sa place. »

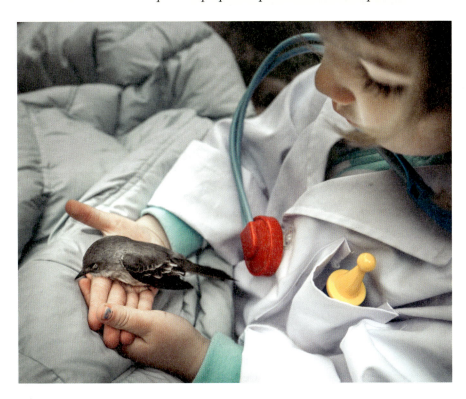

« Lur veille sur un moineau étourdi par un choc contre une vitre. Après la naissance d'Emile,
elle était obsédée par le métier de médecin. Sa grand-mère lui a offert une panoplie. »

L'album de famille ● *Le choix des bois*

« L'été, au bord d'un étang, chez des amis. »

« Habiller les enfants après le bain, c'est tout un cirque ! »

« Nous leur enseignons la confiance en soi. Lur a tellement d'assurance qu'on doit la surveiller sans cesse, elle est prête à s'aventurer seule dans la forêt. »

L'album de famille ● *Le choix des bois*

Daniele Volpe
Le volcan s'est réveillé
p. 6

Né en 1981 en Italie, il travaille sur les droits de l'homme en Amérique latine, et se consacre depuis des années à l'histoire du peuple ixil, victime de massacres dans les années 1980. Il a sorti un livre autoédité, *Chukel*.

Alessio Mamo
Femmes de Daech
p. 12

Après des études de chimie, ce Sicilien s'est orienté vers le photojournalisme. Il couvre les questions migratoires dans son île natale et au-delà, ainsi que les soubresauts du Proche-Orient.

Markel Redondo
Les chantiers de la crise
p. 14

Né en 1978 à Bilbao, en Espagne, il a étudié la photographie au Royaume-Uni puis en Chine. Il travaille sur les questions migratoires et sur la protection de l'environnement – notamment pour Greenpeace. L'agence Panos le représente.

Max Hirzel
Enquête d'identité
p. 20

Diplômé en photographie à l'Institut européen du design de Milan, Max Hirzel est membre de Haytham Pictures. Suisso-italien, il vit à Milan. Son sujet «Corps migrants» a remporté le prix Ani-Pixtrakk au festival Visa pour l'image de 2018.

Paul Seesequasis
Légendes indiennes
p. 26

Journaliste et écrivain d'origine cree, un peuple autochtone d'Amérique du Nord, il est basé dans le Saskatchewan, au cœur du Canada. Passionné par la culture amérindienne, il organise des expositions d'art. Depuis trois ans, il s'intéresse aux archives photographiques amérindiennes.

Jennifer Breuel
Courses en tenue
p. 32

Née en 1971 en Allemagne, Jennifer Breuel a grandi à Hambourg et Los Angeles. Elle a arrêté son métier de styliste pour devenir photographe artistique et commerciale. Spécialisée dans les domaines de la mode, des portraits, des images de voyage, elle aime les endroits reculés comme la Namibie, où elle s'inspire des cultures locales.

Karl Mancini
Femmes battantes
p. 48

Cet Italo-Argentin a étudié la photo à New York, à l'International Center of Photography. Il consacre des années aux sujets sur lesquels il enquête, comme les mines antipersonnel ou les violences conjugales.

Heba Khamis
La brûlure
p. 74

Égyptienne trentenaire, elle a appris à peindre avant de faire de la photo. Elle est diplômée des écoles de photojournalisme de Aarhus (Danemark) et de Hanovre (Allemagne). Avec son travail sur le repassage des seins, elle a décroché un prix dans la catégorie «Enjeux contemporains» au World Press Photo.

Sara Naomi Lewkowicz
Sauve-toi, Maggie
p. 96

Son reportage sur Maggie et Shane lui a valu une multitude de distinctions alors qu'elle était toute jeune photojournaliste. Née à New York, installée à Brooklyn, elle travaille sur des sujets de société, comme la vie d'une stripteaseuse héroïnomane, ou un couple de femmes qui accouchent quasi simultanément.

Régis Defurnaux
À bonne distance
p. 120

Né en 1976, la photo l'accompagne depuis le jour où son grand-père lui a offert un appareil, à 12 ans. Il a enseigné la philosophie et l'anthropologie médicale à l'université de Namur, en Belgique, avant de devenir photographe documentaire.

Alberto Giuliani
Copié-cloné
p. 132

Il vit entre Milan, Florence et Pesaro, en Italie, où il est né en 1975. Il publie régulièrement dans *Vanity Fair*, *GQ* ou encore *La Repubblica*. En 2010, son travail sur les mafias italiennes lui a valu plusieurs prix. Il enseigne à l'École internationale du film de Rome.

Olivier Jobard
Le Petit Poucet afghan
p. 152

Né en 1970 à Paris, il a couvert de nombreux conflits, en Croatie, en Bosnie, en Tchétchénie, en Afghanistan, en Irak, etc. En 2000, après un reportage à Sangatte, dans le nord de la France, il s'oriente vers les questions migratoires. Depuis, il a suivi la route de Kingsley en 2004, de Slah en 2008, de Rohani en 2013, d'Ahmad en 2015. Il est membre de l'agence Myop.

Cyril Abad
2018 après Jésus-Christ
p. 180

Né en 1971 à Toulon, il s'intéresse à la photo en autodidacte après des études d'économie. Il a enseigné le numérique pendant six ans à des apprentis photographes. Son travail, largement influencé par la photographie de rue, se veut documentaire. Membre du studio Hans Lucas, il travaille aussi pour les entreprises, entre autres dans la publicité.

Jeanne Taris
L'enclave
p. 210

Née en Dordogne en 1959, elle s'est mise à la photographie professionnelle sur le tard. Son travail sur les Gitans andalous a été exposé au festival BarrObjectif en 2016 et a reçu le prix « Coup de cœur » de l'Association nationale des iconographes à Visa pour l'image. Pareil pour celui sur les Gitans du quartier Saint-Jacques de Perpignan un an plus tard. Elle voudrait bien mettre un terme à son obsession pour les Gitans mais… elle n'y arrive pas.

Nicolas Henry
Mises en songes
p. 246

En 1996, à 18 ans, jeune peintre et musicien, il prend la route. Trois tours du monde, deux enfants et des expos aux quatre coins de la planète plus tard, ce désir de rencontres ne l'a pas lâché. Deux livres jalonnent ce parcours, *Les cabanes de nos grands-parents* (Actes Sud) et *Cabanes imaginaires autour du monde* (Albin Michel).

Matthew Hamon
Le choix des bois
p. 290

Né en 1968 en Californie, il découvre la photo à 10 ans lorsque sa mère, bénévole en Asie, lui rapporte un Polaroid. Attiré par les images depuis l'enfance, il étudie le graphisme puis la photo. Son travail tourne autour du rapport de l'homme à la nature.

Les auteurs de 6MOIS

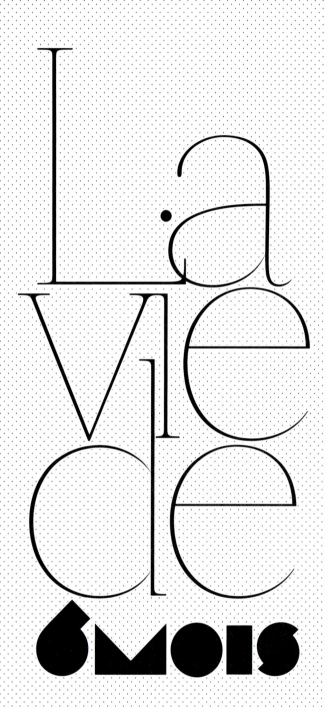

La vie de 6Mois

Les rendez-vous de juillet

Organisé par la rédaction de 6Mois et XXI, le festival *Les Rendez-vous de juillet* a eu lieu le week-end du 14 juillet en Bourgogne.

Merci aux photojournalistes, aux réalisateurs, aux auteurs pour leurs expositions, leurs projections, leurs installations photographiques, leur studio de portraits de famille, etc.
Toutes les informations sur ***www.lesrendezvousdejuillet.fr*** et sur la page Facebook « Les Rendez-vous de juillet »

Stéphane Lavoué Prix Niépce Gens d'images 2018

STÉPHANE LAVOUÉ

Le prestigieux Prix Niépce Gens d'images a été remis en mai à Stéphane Lavoué. Les lecteurs de *6Mois* ont découvert ce professionnel talentueux dans le numéro 13, avec « Sur les quais », une série sur les travailleurs de la mer qui restent à terre, à Guilvinec, dans le Finistère. Né en 1976, Stéphane Lavoué a été ingénieur dans le bois avant de s'orienter vers la photographie. Il a longtemps été portraitiste pour la presse avant de s'installer en Bretagne et de se consacrer à des projets au long cours.

●

Ils sont exposés à Perpignan

Vous avez découvert leur travail dans 6Mois, allez voir leurs expositions en accès libre au festival Visa pour l'image, à Perpignan, jusqu'au 16 septembre.

Miquel Dewever-Plana
Pour tout l'argent de Potosí
Sur la célèbre mine de Bolivie, par l'auteur, dans le numéro 5, du portfolio et de l'image de couverture sur les gangs au Guatemala.

George Steinmetz
Big food
Plusieurs années d'enquête sur l'industrie agroalimentaire à travers le monde, par le photographe de *National Geographic* auteur du portfolio « Le meilleur des mondes » et de l'image de couverture dans le numéro 9.

Olivier Jobard
Ghorban, né un jour qui n'existe pas
L'histoire d'un jeune Afghan arrivé à l'âge de 12 ans à Paris, publiée dans ce numéro sous le titre « Le Petit Poucet afghan ». Le photographe a suivi le jeune homme pendant huit ans.

La vie de 6MOIS

La photo du lundi

Pour bien commencer la semaine, la rédaction sélectionne pour vous **La photo du lundi** *et vous l'envoie par e-mail. Indiquez votre adresse à photodulundi@6mois.fr*

Nathalia, 17 ans, et son fils vivent dans un campement de « paysans sans terre » dans l'État du Pará (nord du Brésil).

Vous êtes enseignant ? Sachez que certains de vos confrères font de « La photo du lundi » un outil pédagogique dans leur classe. Chaque lundi, leurs élèves découvrent une image, regardent sur une carte où elle a été prise et s'interrogent sur un mode de vie.

En librairie

Trois photographes publiés dans 6Mois sortent un livre.

Niños esclavos
Ana Palacios
Des milliers d'enfants sont achetés et vendus comme esclaves en Afrique de l'Ouest. Une enquête d'Ana Palacios, dont le travail sur les enfants albinos en Tanzanie a été publié dans *6Mois* n° 13. Éditions La Fabrica, 30 euros.

Martha
Siân Davey
Après la vie d'Alice (*6Mois* n° 10), qui a déjà fait l'objet d'un livre, celle de sa grande sœur Martha (*6Mois* n° 14) et de sa bande d'amis ados, dans la campagne anglaise. Éditions Trolley Books, 40 livres (45 euros).

Qui es-tu ?
Tiziana et Gianni Baldizzone
Le couple d'Italiens, auteur de « L'école des moines » (*6Mois* n° 4), revient sur trente années de rencontres à travers le monde. Éditions Hozhoni, 45 euros.

Complétez votre collection !

Constituez la bibliothèque d'images du XXIe siècle

Vous pouvez commander vos numéros manquants chez votre libraire
ou sur notre boutique en ligne : www.revue21-6mois-boutique.fr

La vie de 6mois

Rédaction en chef
Marie-Pierre Subtil

Direction artistique
Quintin Leeds avec Chloé Laforest

Rédaction
Théo du Couëdic, Clara Hesse, Thibault Petit, Marion Quillard, Sophie Tardy-Joubert

Édition
Safia Bouda

Infographie
Alexandre Nicolas

Ont collaboré à ce numéro
Léna Mauger, Patrick de Saint-Exupéry, Victoria Scoffier

Abonnements
*muriel@6mois.fr
36, boulevard de la Bastille, 75012 Paris,
01 43 43 30 50
Paiement en ligne sur www.6mois.fr*

Relations presse
Kathy Degreef (k.degreef@orange.fr)

Communication digitale
Marion Vasseur

Festival Les Rendez-vous de juillet
Thibaut Brugat-Dreux et Sharlie Minette

Diffusion
Rue Jacob Diffusion

Direction administrative et comptable
Pierre Raiman

Fabrication
Chloé Laforest

Photogravure
*Charlène Forfait – Les Artisans du Regard
224, avenue du Maine, 75014 Paris*

Impression
*Druckhaus Kaufmann
Raiffeisenstraße 29, 77933 Lahr (Allemagne)*

Édité par Quatre SAS
Adresse : 36, boulevard de la Bastille, 75012 Paris
Actionnaires :
F&S, Sylvain Ricard, Franck Bourgeron,
les éditions du Seuil, Amélie Mougey, Pierre Raiman.
Président : Franck Bourgeron
Directeur général et directeur de la publication :
Sylvain Ricard

6Mois est imprimé sur du Luxoart Samt 115 grammes de chez Sappi. Du papetier au distributeur en passant par l'imprimeur, toute la logistique de la fabrication est assurée par une combinaison optimale « train-route ».

Contacts : +33 (0)1 43 43 30 50 ou info@6mois.fr
ISSN : 2117-7260, ISBN : 979-10-90699-42-7
Dépôt légal : septembre 2018

PROCHAIN NUMÉRO 8 MARS 2019